LTG 삶을 변화시키는 소그룹

Cultivating a Life for God
Copyright ⓒ 1999 by Neil Cole
Printed by U.S.A
All rights reserved, Including Translation
Korean edition copyright ⓒ 2002 by NCD Publishers

이 책의 저작권은 도서출판 NCD에 있습니다.
저작권법에 의하여 한국 내에서 보호를 받는 저작물이므로
무단전재와 무단복제를 금합니다.

LTG 삶을 변화시키는 소그룹

지은이 | 닐 콜
옮긴이 | 편집부
초판 1쇄 펴낸날 | 2004년 3월 5일
초판 3쇄 펴낸날 | 2007년 6월 26일
등록번호 | 129-81-80357
등록일자 | 2005년 1월 12일
등록처 | 서울시 강남구 대치동 953-3 반석빌딩 2층
발행처 | 도서출판 NCD

ISBN 978-89-5788-035-7

잘못되거나 파손된 책은 구입하신 서점에서 교환해 드립니다.

도서출판 NCD
주　소 | 경기도 고양시 일산구 장항동 578-16 나동
주문 / 영업부(일산) | (031) 905-0434, 팩스 (031) 905-7092
본사 / 편집부(강남) | (02) 538-0409, 팩스 (02) 566-7754
한국 NCD / 지원 · 코칭 | (02) 565-7767, 팩스 (02) 566-7754

도서출판 NCD는 '자연적으로 성장하는 더 좋고 많은 교회 번식 운동'을 펼치고 있는 한국NCD와 크리스천코칭센터 및 이와 관련된 기관들의 사역을 문서로 지원하는 출판사입니다.

한국 NCD는 현재 전 세계 6대주 66개국 10,000교회 4,200만 자료로 검증된 설문 조사 자료를 토대로 하여 한국에서 8가지 질적 특성을 중심으로 교회의 건강을 진단할 뿐만 아니라 더 많은 교회들이 건강하게 세워질 수 있도록 지속적으로 자료 및 도구 제공, 훈련, 세미나, 컨설팅, 코치 사역, 세계 선교, 지역 및 정보 네트워크를 위해 사역하고 있는 국제적인 전문 사역 기관입니다.

※ 보다 자세한 사항은 홈페이지를 참고하세요.

LTG 삶을 변화시키는 소그룹

CONTENTS

목차

추천사 _ 6   감사의 글 _ 8   헌정사 _ 10   서문 _ 12

제 1 장	인명 구조의 교훈	15
제 2 장	삶을 변화시키는 능력이 필요하다	31
제 3 장	다음 주자에게 바통을 넘겨주는 원칙	57
제 4 장	하나님 나라에 들어갈 후보들	75
제 5 장	새내기 제자들에게 생명을 불어넣어 주심	85
제 6 장	삶이 변화될 수 있는 가장 적합한 환경	93
제 7 장	제자 배가의 실례	101
제 8 장	삶을 변화시키는 모임의 시스템	115
제 9 장	LTG 시스템의 장점	127
제10장	LTG 시스템을 반대하는 일반적인 의견	167

| 제11장 | LTG 시스템에 대한 일반적인 질문들 | 179 |
| 제12장 | 재생산하지 못하는 모임 바로 잡기 | 189 |

결 론		197
부록 1	LTG용 책임 점검 질문서 견본	211
부록 2	LTG에 대한 또 다른 명칭	223
더 많은 정보를 원하는 분께……		225

추천사

    우리는 지금 전 세계 여러 곳에서 동시에 이루어지고 있는 하나님의 새롭고 위대한 역사를 목도하고 있습니다. 그것은 바로 그분의 뜻을 따르는 아주 평범한 사람들을 통해 이루시는 하나님의 위대한 역사입니다.

    소위 그리스도인들이라 불리우는 우리들은 하나님의 위대한 능력을 인간의 작은 이성적 틀 속에 끼어 맞추는지도 모릅니다. 이 책은 그리스도의 교회를 세우는 모든 목회자들에게 목마름을 해갈하는 시원함을 맛보게 해 주는 책입니다.

일본 셀 교회 선교 네트워크 대표
요시이토 이시하라 목사

추 천 사

본 서는 가장 간단한 방법으로 제자훈련을 할 수 있으며 새로운 교회를 세우는 데 있어 강력한 능력을 제공합니다. 본 서에서 소개하고 있는 원리들은 인도네시아의 여러 교회에서 적용되어 검증된 것입니다. 우리 교회 역시 이 LTG 소그룹을 적용한 후에 놀라운 성장을 경험했습니다. 나는 그리스도의 제자가 되기 원하는 모든 이들에게 본 서를 강력히 추천하는 바입니다.

인도네시아 자카르타
아바러브 교회 담임
레오 에디 목사

감사의 글

먼저, 나의 제자들이자 함께 성장하고 자라왔던 동료들인 케니 피터슨, 데이빗 신콕, 덕 부코우스키, 팜과 스티브 스트렁크 부부, 댄 코닝, 켄 핼런, 돈 버라르트, 데니스 무오이오, 척 콘웨이, 조우 에이어, 케빈 페어칠드, 마이크 비벤스, 크리스 라이트, 켈리 킬덜에게 감사의 말씀을 전하고 싶다. 여러분 모두는 내가 주님 앞에 더욱 가까이 갈 수 있도록 큰 도움을 주었고, 또 내가 이 책에 나오는 모든 내용을 배울 수 있도록 해 준 하나님의 도구였다. 여러분은 나의 기쁨이자 면류관이다! 사랑하는 여러분이여, 주 안에서 굳게 서라.

밥 로건, 필 헬퍼, 크리스 수트 형제들은 내가 좀 더 전략적으로 사고하는 법을 배우도록 엄청난 도움을 주셨다. 그분들이 끼친 영향력은 이 책의 여러 부분에서 나타날 뿐만 아니라 나의 삶 곳곳에서도 드러나고 있다.

전 세계에 흩어진 여러 친구들을 통해서도 나는 큰 격려를 받았다. 이 책의 개념들이 과연 다른 문화권 안에서도 전환되어 사용될 수 있는지 확인해 주었던 그 수고에 감사드린다. 호주에서 사역하는 스티브 애디슨, 콜린 노이즈, 프랑스의 폴 클라위터와 플로랜트 바라 그리고 캐나다의 팀 베런즈, 미국의 폴 캐액, 에드 위이큰, 아르헨티나의 데이브 궐즈의 도움을 통해 나의 생각을 정리할 수 있었고, 사역의 원칙을 좀 더 심오하면서도 단순화시킬 수 있는지 평가할 수 있었다.

마지막으로 나의 가장 절친한 친구이자 아내인 다나에게 감사의 말씀을 전하고 싶다. 언제나 나에게 실제적인 지혜의 조언을 아끼지 않았다. 나를 너무도 잘 알고 나를 끝까지 믿어 주는 아내야말로 나를 지탱시켜 주는 든든한 후원자임을 고백하며 다시 한 번 감사한다.

헌정사

이 책은 개척자들에게 바친다. 왜냐하면 몇 푼의 월급보다는 복음을 위해 새로운 길을 모색하려는 열정을 가지고, 추수의 때에 교회들을 일으키려는 열망으로 제자를 세우고 배가시키려는 열망을 가진 사람들이기 때문이다. 남은 날 동안 하나님께서 이러한 개척자들의 수를 더하시길 축복한다.

서 문

여러분들이 손에 쥔 이 책이야말로 여러분의 사역에 큰 변화를 가져올 수 있다! 본 서는 성경이 제시하는 제자화의 과정을 보여 줌으로써, 경건한 성품, 전도의 열매, 제자 배가라는 결실을 맺을 수 있게 할 것이다. 이 책에 나오는 내용은 단지 추상적인 이론이 아니라 실제 사역 현장에서 그 효과가 입증된 것이다. 내가 '삶을 변화시키는 소그룹'을 좋아하는 이유는 다음과 같다.

첫째, 제자를 삼고 이를 배가시키는 우리의 사명에 초점이 맞추어져 있기 때문이다. 많은 그리스도인들, 심지어 목회자들조차도 주님께서 승천하시기 직전 우리에게 주셨던 가장 중요한 명령이 무엇인지 똑바로 알지 못하고 있다. 예수 그리스도를 믿음으로 순종하는 것이 삶의 목표라고 생각하는 그리스도인들이라면 혼자서만 좋은 제자로 커가는 것이 아니라, 더욱 많은 제자들을 재생산할 수 있어야 할 것이다.

둘째, '삶을 변화시키는 소그룹'은 존재하고, 알고, 행동하는 모든 것의 조화를 이루게 하기 때문이다. 자신의 삶이 하나님의 말씀으로 흠뻑 젖어 충만하기를 원하는 그리스도인들이라면 하나님과 성경말씀을 아는 지식 안에서 더욱 성장하기 마련이다. 죄를 고백함으로써 개인의 경건과 그리스도의 성품을 닮아 가는 훈련에 박차를 가할 수 있다. 성장하는 제자들의 삶이 변화되기 시작하면, 그들은 아직 그리스도의 변화의 능력을 체험하지 못한 사람들을 향해 도움의 손을 뻗게 된다.

셋째, 융통성이 있고 쉽게 적용할 수 있기 때문이다. '삶을 변화시키는 소그룹' 과정은 본질적으로 성경적 원칙에 근거하고 있으므로, 어떠한 문화적 상황에서도 쉽게 적용할 수 있다.

넷째, 재생산력이 있기 때문이다. '삶을 변화시키는 소그룹'을 하기 위해 굳이 지루하고 긴 훈련 기간을 만들 필요가 없다. 이 과정은 상황에 따라 쉽게 바꿀 수 있기 때문에 새신자들도 효과적으로 제자를 삼고 배가할 수 있다.

나는 지난 수년 동안 닐 형제의 사역을 가까이에서 지켜보았다. 닐은 추수 때를 위해 지도자들을 일으키려는 열정을 가진 성실한 사람이다. 그는 그리스도를 위해 사람들에게 복음을 전하는 데 초점을 맞추는 한편, 제자들의 영적인 깊이를 더하고 그들이 자신의 잠재력을 깨우치도록 하는 데에도 힘을 다하고 있다. 또한 사역이 열매를 맺고 풍성해질 수 있도록 성경적이고 신학적인 부분을 잘 조화시켜 적용함으로써 하나님께 영광을 드릴 수 있도록 최선을 다하고 있다.

여러분이 지금 어느 지역, 어느 교회에서 사역하든지, 제자화 과정을 새롭게 일으키고 시도할 수 있는 실제적인 가르침을 이 책에서 얻을 수 있을 것이다.

부디, 이 책을 통해 하나님 나라를 놀랍게 확장시키는 추수의 일꾼으로 쓰임받기를 바란다.

국제 코치넷 | 밥 로건

|제1장|
인명 구조의 교훈
가장 중요한 임무를 기억하라

예수께서는 참으로 부지런하신 분이셨다. 예수님이 해야 할 일은 언제나 많았다. 마태복음 9장 35절을 보면 예수님은 매우 바쁜 생활을 하셨다. "예수께서 모든 성과 촌에 두루 다니사 저희 회당에서 가르치시며 천국 복음을 전파하시며 모든 병과 모든 약한 것을 고치시니라".

하지만 그런 바쁜 일정에도 불구하고 "잃어버린 자를 찾아 구원하려 함"(눅 19:10)이라는 자신의 가장 주요한 임무를 결코 잊으신 적이 없다. 그렇게 바쁘게 활동하시는 중에도 예수께서는 시간을 할애하여, 사방을 둘러보며 주위의 많은 무리들에게 관심을 두셨다. 성경에서는 예수께서 "큰 무리를 보시고 그 목자 없는 양 같음을 인하여 불쌍히" 여기셨음을 보여 주고 있다.

나는 일정이 바빠질 때마다, 가장 중요한 사실을 잊어버리는 경향이 있다. 왜 내가 여기 있으며, 나의 주된 임무가 더욱 많은 사람을 제자로 삼는 것(마 28:18~20)이란 사실을 망각하는 것이다! 또한 나는 예수님과는 달리, 사역에 더욱 바빠질수록 잃어버린 영혼에 대한 안타까운 마음이 점점 사라짐을 느낀다. 자신도 모르는 사이에 저 많은 무리들은 내가 좀 더 효과적으로 사역할 대상이기보다는 오히려 나의 효과적인 사역을 방해하는 방해꾼이 되어 버리는 것이다. 무료 간선도로를 지날 때면 사람들에 대한 안타까움보다는 짜증만 난다. 정신없이 혼란스러운 주차장 상황을 보면서 다른 이들에 대해 안쓰러운 마음을 갖기보다는 당장 내 입장만을 생각하며 골치를 썩는다. 길게 늘어선 줄은 사람들에게 다가갈 좋은 기회라기보다 나의 일정을 가로막는 방해거리일 뿐이다.

오늘날, 긍휼히 여기는 마음은 쉽게 찾아볼 수 있는 미덕이 아니다. 주님을 모르고 죽음에 빠져가는 영혼들에게 둘러싸여 있으면서도 본 척도 안 하는 우리 자신의 모습을 인정하기란 그리 쉽지 않다. 하지만 그것이 바로 우리의 모습이다. 어쩌면 매일 밤 텔레비전에서 보여 주는 잔인한 폭력과 살인의 모습에 너무 익숙한 나머지, 사람들을 해치는 것이 아무렇지도 않게 느껴지는지도 모른다. 사람들이 겪는 고통의 실체가 무엇인지 마음에 잘 와 닿지 않기 때문일 수도 있다. 잃어버린 사람들을 도와주고 돌보는 것은 우리의 책임이 아니라고 생각하기 때문에 우리가 굳이 움직이지 않아도 된다고 스스로 정당화할 때가 있다. 또 어쩌면 사람을 구하는 일은 내가 아니라 재능 많고, 훈련도 많이 받고, 전문 지식도 있는 동정심 많은 사람들이 맡아야 할 일이라며 떠 넘기고 있는지도 모른다.

다음은 지난 1920년대 말에 매사추세츠 주에서 실제로 일어났던 법적 소송 사건에 대한 척 스윈돌 목사님의 이야기다.

이 사건은 부둣가 옆을 지나던 한 남자에 의해서 발단된 것입니다. 그 남자가 갑자기 줄에 걸려 넘어져 바로 옆의 차갑고 깊은 바닷물 속으로 빠져 버린 것이지요. 물 속에서 허우적거리며 살려 달라고 소리를 질러댔지만 몸은 점점 깊숙이 빠져갔습니다. 어쩐 일인지 그 사람은 수영은 못했어도 수면 위에는 떠 있었습니다. 멀리서 그의 친구가 희미하게 살려 달라는 소리를 듣기는 했지만, 그를 구하러 가기에는 너무 먼 거리였습니다. 하지만 그가 빠진 데서 몇 미터 안 되는 곳에서 어느 젊은 남자가 갑판 의자에 앉아 일광욕을 즐기고 있었지요. 그 남자는 물에 빠진 사람이 "살려 줘요. 난 수영을 못해요!"라고 외치는 말을 똑똑히 들었을 뿐만 아니라, 수영 실력도 아주 뛰어난 사람이었습니다.

하지만 그 사람이 아무런 조치도 취하지 않은 것은 비극이었습니다. 그가 한 일이라고는 고개만 쓱 돌려, 물에 빠져 죽어 가는 그 사람의 모습을 아무 일도 없다는 듯 쳐다본 것이 전부였습니다.

희생자의 가족들은 그 남자가 충분히 구할 수 있었는데도 불구하고 무관심하게 대처한 사실에 분노했고, 결국 그를 고소했습니다. 어떻게 판결이 났냐구요? 희생자 가족들이 재판에 패했습니다. 내키지 않는 일은 거부할 수 있다는 법령 조항에 따라 부두에서 빈둥거리던 그 남자는 물에 빠진 사람의 생명을 구하거나 말거나 법적인 책임이 전혀 없다고 판정이 난 것이지요.

척 스윈돌 목사는 이렇게 덧붙였다. "우리들 모두에게는 법적 권리가 있습니다. 우리의 귀를 열어 혹시 도움이 필요한 사람은 없는지 살피는 권리가 있는 반면, 옆에서 사람이 죽어 가든 말든 무심하게 일광욕만 즐기는 권리도 있습니다. 사람들의 외침에 대응하는 것이 우리의 의무로 규정되어 있지 않습니다. 그러나 무관심이 위법 행위가 아닐지는 모르지만, 분명히 그것은 비도덕적인 행위입니다!"

사실, 긍휼한 마음이란 의무감 때문에 외부에서 억지로 강요할 수 있는 성질의 것이 아니라, 우리들 자신 속에서 우러나와야 하는 것이다. 예수께서 말씀하신 "긍휼함"이란 단어는 문자 그대로 보면 '창자'라는 말이다. 다시 말하면 당신의 내장 깊은 곳에서 느끼는 것이라는 뜻이다. 진정한 긍휼함이란 법정소송으로 가능한 것이 아니다. 당신의 뱃속에서부터 끓어올라 눈과 말과 행동으로 드러나는 자연스런 감정이다. 잃어버린 영혼을 보살피려면 당신의 온몸과 마음을 다해야 한다.

우리가 예수님을 사랑한다고 하면서, 우리 주변에 수백만의 사람들이 물에 빠져 죽어 가는데도 그 옆에서 한가롭게 앉아 일광욕을 할 수 있다는 사실은 도저히 이해할 수가 없다. 우리가 사람들을 향해 긍휼함을 느끼지 못하는 것은 수많은 무리들이 물에 빠져 간다는 사실을 깊이 인식하지 못하기 때문이라 생각한다.

예수께서 눈을 들어 무리를 바라보셨을 때 마음 깊은 곳에서부터 느끼셨던 긍휼함의 마음이 오늘날 우리들 모두에게도 절실히 요구된다. 나는 가끔 일부러 시간을 내어 사람들이 북적거리는 쇼핑몰이나 식당을 찾아간다. 그리고 사람들 틈에 서서는 내 마음을 깨우쳐 달라고 주님께 간구한다. 시간이 꽤 걸릴 수도 있지만, 성령께서는 곧 내 눈을 열어 낙심하고 방황하는 잃어버린 영혼들을 보게 하신다. 그들은 목자 잃은 양떼들이다. 그들이 향하는 곳은 옆 건물의 백화점이 아니라, 그리스도가 계시지 않는 영원한 어두움이다.

또한 예수께서는 이 대목에서 우리가 영혼을 추수해야 하는 드넓은 들녘을 바라볼 때 무엇이 부족한지부터 가르쳐 주셨다(마 9:37). 또한 그 부족한 것을 채우기 위해서는 어디서부터 행동을 시작해야 하는지에 대해서도 말씀해 주셨다. 먼저 주님이 가르쳐 주지 않으신 것이 무엇인지 함께 살펴보자. "추수할 것은 많되, 돈은 몇 푼 안 되는구나." "추수할 것은 많되, 땅 값이 너무 비싸구나." "추수할 것은 많되, 최신판 자립용 가이드북이나 프로그램이 제대로 갖춰지지 않았구나."

예수께서는 그렇게 말씀하지 않으셨다. 부족한 것은 돈 몇 푼도 아니요, 땅이나 주차 부지도 아니고 프로그램도 아니다. 예수께서는 "추수할 것은 많되, 일꾼은 적다"라고 말씀하셨다. 분명 '일꾼'이 부족한 것이라고 정확히 잘라 말씀하셨다. 일꾼만 확보되면 엄청난 추수의 결실을 볼 수 있는 것이다.

그렇다면 과연 어디서 일꾼을 얻을 수 있는가? 성경 학교나 신학 대학인가? 선교 단체를 찾아가야 하는가? 하버드 경영학 대학인가? 교회로 가야 하는가? 아니다. 마태복음 말씀에 근거해 볼 때 그 어느 것도 올바른 답이 아니다. 추수할 일꾼을 찾으려면 우리의 무릎을 꿇고 하나님의 보좌 앞으로 가야 한다. 예수께서는 "그러므로 추수하는 주인에게 청하여 추수할 일꾼들을 보내어 주소서"라고 말씀하셨다. 진짜 추수는 '추수하는 주인'을 향해 기도하는 것에서 시작된다.

예수께서는 단지 우리에게 부족한 것이 무엇인지, 또 그들을 찾을 곳은 어디인지에 대해서만 말씀하셨을 뿐만 아니라, 추수할 때를 위하여 일꾼들을 양성할 수 있는 좋은 본보기도 직접 보여 주셨다. 예수께서는 사람들을 추수 대상자의 자리에서 불러내어, 그들에게 권능을 부여한 후에 다시 추수 현장으로 돌아가게 하셨다. 그리하여 자신이 보여 주신 모습 그대로 현장에서 직접 활용할 수 있도록 하심으로써 당신의 사역을 배가시키신 것이다.

마태복음의 저자인 마태야말로 좋은 예다. 마태복음 9장 9절에서, 예수께서는 마태를 부르시며 세금 명부와 회계 장부, 돈 무더기를 버려 두고 자신을 따라오라고 하신다. 그리고 37~38절에서는, 예수께서 마태와 제자들에게 추수밭에서 일할 일꾼을 위해 기도하라고 하신 뒤, 곧 마태를 내어 보내 도시와 마을들을 두루 다니며(마 10:1), 그가 하셨던 그대로 본보기 삼아 일하도록 하신다(마 9:35). 복음서를 읽어 보면 마태가 세금 징수관이었던 이야기 바로 다음 장에 말씀 선포자로 탈바꿈한 내용이 나온다. 마태를 갑자기 추수 현장으로 보낸 것은 너무 이른 것이 아니냐고 생각하는 사람들이 대부분일 수도 있다. 그 친구는 새내기에다 쉽게 세상에 휩쓸릴 수 있고, 사람들이 덤빌 때 제대로 대답해 줄 만한 지식도 없는데 말이다. 하지만 예수께서는 새내기 마태를 통해 오히려 복음을 듣기 원하는 많은 사람들과의 연결 고리를 찾을 수 있다는 것을 간파하셨다(마 9:10~11). 또한 마태의 삶이 급격히 변한 것을 통해서 복음이 사람들에게 더욱 설득력을 갖게 된다는 것도 아셨다. 그리고 마태는 신학 지식은 부족했을지 모르나, 그리스도를 향한 열정으로 불탔던 사람이다. 오랜 세월 그리스도인으로 지냈던 많은 사람들에게는 찾아보기 힘든 열정을 갖고 있었다. 나 역시도 가슴은 차갑고 머리만 큰 사람들보다는 열정으로 뜨겁게 타오르는 사람들을 증인으로 택할 것이다. 지식을 더하는 일은 누구든 할 수 있지만, 잃어버린 열정을 되찾는 것은 그리 쉽지 않다. 사람들은 차갑게 전하는 복음의 내용에 반응하는 것이 아니라, 그리스도를 통해 인생이 변화된 열정 있는 사람들의 간증에 더 감동을 받는다.

예수께서는 일꾼이 반드시 추수된 사람이어야 한다는 사실을 보여 주신다. 마태복음 10장 1절에서는 12명의 제자들이, 바로 뒤 10장 2절에서는 어느새 12명의 사도들(보냄받은 자)로 바뀌어 있다. 추수할 일꾼을 보내어 달라고 기도하던 사람들이 단 한 구절 차이로, 추수를 하기 위해 말씀을 선포하는 사람들이 된 것이다.

우리는 이 말씀을 통해서 간단한 행동의 단계를 유추해 낼 수 있는데, 이것이야말로 풍성한 수확을 거둘 수 있도록 보여 주는 지도자와 같은 역할을 하는 것이다.

추수할 대상이 누군지 볼 수 없다면, 그들을 사랑하지 못할 것이다(마 9:36). 그들을 사랑할 수 없다면, 그들을 위해 기도하지도 못할 것이다(마 9:36~38). 그들을 위해 기도할 수 없다면, 그들을 얻지 못할 것이다(마 10:1). 그들을 얻을 수 없다면, 그들을 추수하러 내어 보내는 일도 없을 것이다(마 10:2~5).

추수를 위해서 필요한 것이 무엇인가? 기도와 일꾼이다. 우리가 더 많이 기도할수록, 더 많은 일꾼을 만나게 될 것이다. 일꾼들이 더욱 많이 일어날수록, 더욱 많은 수확을 거둘 것이다. 예수께서는 이것을 우리에게 해결 방법으로 보여 주셨다. 그 어느 것보다도 그분은 낙심하고 방황하는 잃어버린 양들을 위해 목자가 되어 주고자 하셨기 때문이다.

우리에게 긍휼한 마음이 없다면 수확할 때를 기다리는 넓은 들녘을 바라보지 못할 것이다. 긍휼함이 있어야 기도하게 되고, 스스로 일꾼들이 되어, 풍성한 추수를 할 수 있는 것이다.

야고보는 "너희가 얻지 못함은 구하지 아니함이요"라고 말한다. 그리고 내 친구 밥 로건은 "너희가 구하지 않음은 신경을 안 쓰기 때문이요"라고 말했고, 나는 여기에 덧붙여, "너희가 신경 쓰지 않음은 보지 못하기 때문이라"고 말하고 싶다. 우리는 지금 상황이 어떻게 돌아가는지 똑바로 보아야 한다. 예수께서는 "눈을 들어 밭을 보라 희어져 추수하게 되었다"(요 4:35)라고 일러 주셨다.

나는 로스엔젤레스의 해변가에서 인명 구조대로 7년 정도 일했다. 세계적으로 유명한 '베니스 해변'에서 오랫동안 일했기 때문에 여러 이야기거리가 많다. 사람들을 많이 구조했지만 지금까지도 잊을 수 없는 기억이 있다. 바쁘게 살아가는 가운데에서도 긍휼한 마음을 품고 추수밭을 바라보는 것이 얼마나 중요한 일인지 일깨워 주는 내용이라 생각된다.

나는 일주일에 한 번 베니스 해변가에서도 한적한 곳에 위치한 'Ave 23'이라고 부르는 감시용 전망대에서 근무했다. 이 감시용 전망대는 아주 높았고 바위로 된 방파제 위쪽 벼랑턱에 세워져 있었다. 전망대가 이런 곳에 위치한 이유는 좀 더 트인 시야를 가지고 멀리까지 감시할 수 있기 위해서였다. 그리고 주변의 다른 두 곳의 전망대에서 일하는 구조원들을 보조하려는 목적으로 이곳에 사람을 배치하기도 했는데, 그쪽에서는 벼랑턱과 방파제에 가려 전체를 볼 수 없기 때문이었다. 따라서, 이곳에서 일하는 사람들이 하는 일은 보통 멀찍이서 인명 구조 작업을 보는 쪽이지 실제로 참여하는 것은 아니었다.

방파제 북쪽에는 유명한 서핑 장소가 자리하고 있다. 그리고 남쪽으로는 일광욕과 해수욕을 즐길 수 있는 해변이 펼쳐져 있다. 이 해변에는 깎아지른 듯한 벼랑이 있고, 또 파도가 해안가에 다다르면 잔잔히 부서지는 특징이 있다. 따라서 이 해변에서 가장 위험한 것은 - 물론 피부암을 제외하고 - '흐르는 파도'라고 부르는 큰 파도였다. 이 파도의 조류는 큰 물결이 한 번 밀려오자마자 바다쪽으로 다시 빠져 나가는 흐름이다(흔히 사람들은 '역류 현상'이라고 잘못 부른다). 이 '흐르는 파도' 현상은 모래로 된 벼랑턱에 부딪혀 산산이 깨진 물결이 한 곳으로 몰린 다음 이내 바다쪽으로 다시 흘러서 또 다른 파도를 이루는 지역에서 발생한다. 보통 때는 크게 위험하지 않아서 아이들도 그 안에서 즐기며 놀만 하다. 하지만 파도가 강하게 밀려오는 때는 어린아이들에게 위험할 수도 있기 때문에 반드시 가까이에서 지켜볼 필요가 있었다.

이 전망대가 그곳에 자리잡고 있는 또 다른 이유는 사람들이 바위로 만들어진 방파제 위로 올라가지 못하도록 막기 위해서다. 매우 위험할 수 있기 때문이다. 그날도 평소같이 파도 물결은 넘실거렸고, 사람들은 그 위에서 서핑을 즐기고 있었다. 높이 솟은 전망대 위에 편안하게 자리잡은 나는, 음악을 들으면서 주변을 살피고 있었다. 그때, 그 지역에 사는 아이들 몇 명이 서핑을 즐기다 말고 방파제 위를 오르고 있는 모습이 보였다. 당시 내가 어떤 생각을 했는지 지금도 잘 기억하고 있다. "물론 아무 일 없을 거야. 이 지역 애들이니까 지역 조건도 잘 알 것이고, 다칠 염려는 없겠지. 구조대원도 매일 퇴근하면서 일부러 올라다니는 곳이니까. 다치지 않을 거야." 이런 생각을 하면서 애들이 하는 대로 그냥 내버려 두려는데, 양심의 목소리가 나를 그냥 두지 않았다.

한참을 나 자신과 씨름한 끝에 결심했다. "이건 내가 해야 할 일이야. 난 이 일을 하라고 월급을 받고 있는 거라구." 마침내, 나는 안락한 전망대에서 벌떡 일어나 음악을 끄고, 웃옷을 걸쳤다. 그리고 선글라스를 끼고, 구명통(물 위에 뜨는 빨간색 장치로, 그 안에는 구명 밧줄로 어깨를 감은 뒤 물에 빠진 사람을 안전한 곳으로 끌어낼 수 있도록 되어 있다)을 얼른 집어들고서, 사다리를 미끄러지듯 따라 내려가 방파제로 가서(내 소리를 못들은 척하는) 아이들을 불렀다.

나는 잠시 서서 아이들이 어떻게 하나 지켜보고 있었는데, 순간 구조대원들만이 가진 자연적이면서도 본능적인 행동을 취했다. 항상 그렇게 하도록 훈련받고 몸에 익숙했기에 가능한 행동이었다. 내가 맡은 구역의 바다 쪽을 흘깃 둘러본 것이다. 아무리 급한 일이 있든지, 구조대로서 지켜야 할 가장 기본적인 사항은 물가를 살피는 것이고, 그것이야말로 가장 중요한 임무며, 구조대가 마땅히 해야 할 일이다. 또한 우리가 그곳을 지키는 유일한 이유인 것이다. 이런 기본적인 것이 몸에 습관처럼 배기까지 끊임없이 증강하고, 훈련하며, 교육을 받는 것을 당연하게 여기는 것이 참으로 중요하다. 인명 구조대의 가장 중요한 임무 중에 하나는 바다를 감시하고 생명을 구하는 것이다. 아주 간단하다. 그 외에 모든 것은 차선의 문제다.

그날을 아직도 잊을 수가 없다. 어깨 너머로 남쪽 해변을 주시하며 내가 맡은 구역을 지켜보다가 다시 바위 위를 오르는 아이들에게 소리지르는 일을 마치고 돌아서는데, 갑자기 아드레날린이 심하게 솟아나며 심장이 멈추는 듯 했다. 150피트 정도 떨어진 곳에 가녀린 팔 두 개와 조그만 머리 하나가 쏜살같이 흐르는 물살 위에 떠올라 있는 것이 아닌가. 그 물살은 '흘러가는 파도' 속에서 산산이 깨어지는 거대한 물결쪽으로 흘러들어 가고 있었다. 아이의 엄마는 황급히 물살을 따라 달리고 있었다.

이때야말로 구조대의 진가를 제대로 보여 줄 시간이다. 그동안 훈련받고 일해온 모든 것의 진수를 펼치는 시간인 것이다. 이런 순간이 언제 발생하는지 예상할 수 없겠지만, 항상 이때를 위해 준비하고 있어야 한다. 사고는 언제든 예고 없이 찾아올 수 있기 때문이다. 이 순간은 겨우 수초 동안만 지속될 뿐 몇 분 이상 더 버틸 수는 없다. 순식간에 찾아오는 만큼, 순식간에 끝나 버린다. 준비된 상태가 아니면 치명적인 결과를 낳게 되는 것이다. 인명 구조대가 존재하는 이유가 바로 이것이다.

순간, 나는 모든 것을 제쳐 두고 해변가를 향해 전속력으로 달렸다. 선글라스를 벗고 옷을 벗어서 백사장에 내던졌다. 구명통을 열어서 구명용 밧줄을 어깨에 걸쳐 맸다. 물에 빠진 아이와 그 엄마를 제일 처음 보았던 곳으로 달려갔지만, 어디에도 보이지 않았다. 보이는 것은 다만 드넓게 펼쳐진 태평양 바다뿐이었다.

본능적으로 나는 맨 처음 물에 빠진 아이를 보았던 쪽으로 뛰어들었다. 일단 바다 속 깊은 곳에 가라앉아 버린 사람을 다시 구해 내는 경우는 매우 드물다. 광활하게 펼쳐진 바다, 손톱만큼이나 작은 어린아이……, 물속에서는 시야도 밝지 않을 뿐더러 가파른 바다의 물살과 파도 속에서 내가 과연 무슨 생각을 떠올릴 수 있겠는가. 이미 바닥에 가라앉아 버린 아이를 구해 낸다는 것이 얼마나 절망적인지 깨닫기 시작할 뿐이다. "건초더미 속에서 바늘 찾기"라는 말은 여기에 빗댈 수조차 없다. 물결이 산산이 부서지는 해안은 갑자기 수면이 깊어지는 특징이 있기 때문이다.

구조에서 시간이 중요할 수밖에 없는 몇 가지 이유가 있다. 대부분의 경우, 사람은 3분 이상 산소가 공급되지 않으면 뇌에 심각한 손상을 입는다. 그런데 바다에는 더 심각한 위험요인이 자리하고 있다. 짠 소금물이 기도로 들어가게 되면, 폐에 치명적인 손상을 준다. 겨우 목숨만은 건지는 경우도 있으나 극한 고통 속에 신음하다가 며칠 후, 폐 전체에 심한 염증이 생겨 사망하게 된다. 물속에 뛰어든 나는 팔과 손가락을 뻗어 이리저리 더듬으면서 아이를 찾아내려 애를 썼다. 본능적으로 나는 어떻게든 시간 내에 아이를 찾을 수 있게 해 달라고 기도했다. "오, 주님. 제발 아이를 찾게 도와주세요!"

뜻밖의 일이었다! 뭔가 몸 같은 것이 만져졌다. 조그만 어린아이의 몸통이었다. 갈비뼈 둘레를 내 두 손으로 다 감싸 안을 수 있을 만큼 작은 아기였다. 나는 바다 밑 바닥에 두 발을 딛고 두 손은 물 표면 위로 힘껏 들어 올려서, 아이가 공기로 숨을 쉴 수 있게 했다. 마침내 아이는 헐떡거리면서 폐 가득 공기를 들이마셨고 나도 숨을 쉬기 위해 물 밖으로 튀어 올랐다. 그리고 아이를 팔에 안은 채 해변가 쪽으로 걸어 나가기 시작했다. 아이는 여전히 할 수 있는 한 모든 공기를 다 들이마시려 안간힘을 쓰고 있었기에 아직 울지는 않았다. 모래 사장으로 걸어 나오는데 또 다른 파도가 우리를 덮쳤다. 그때 내 목에 걸려 있는 밧줄이 팽팽히 당겨지는 것이 느껴졌다. 뒤 돌아보니 아이의 엄마가 저쪽 뒤에서 구조통 밧줄의 다른 한쪽을 단단히 붙잡고 매달려 있는 모습이 보였다. 나는 우리 세 사람 모두의 무게를 지탱하며 겨우 따뜻한 백사장 한 귀퉁이에 다다를 수 있었다.

나는 혹시 폐 속에 바닷물이 고인 소리가 나는지 아이의 등에 귀를 대보았다. 다행히 아무 소리도 들리지 않았고 폐는 멀쩡했다. 물론 지금까지도 그 아이의 폐는 깨끗하며 무사히 잘 지내고 있다. 그때가 구조대 생활을 하면서 가장 기쁜 순간이었다!

그날 내가 생명을 지키는 구조대로서의 역할을 충실히 수행했기에, 오늘날 그 아이가 살아 있는 것이다. 물론 그때 해안 가까운 모래톱에 있었기 때문에 늦기 전에 아이에게 달려갈 수 있었던 것이다. 그런데 내가 만약 전망대 위에 그대로 앉은 채 음악이나 들으며 쉬고 있었다면, 분명 신속하게 아이를 구출할 수 없었을 것이다. 그렇지만 무작정 해변가를 서성대고 있었기 때문에 아이를 구해낼 수 있었던 것은 아니다. 내가 맡은 주요 임무가 무엇인지 망각하고 있었다면 아이가 빠진 모습을 발견하지 못했을 것이고, 도움을 청하는 다른 사람이 있었다면, 아이가 빠진 쪽을 유심히 바라보는 일도 없었을 것이다.

우리는 매일의 생활로 인해 바쁘고 분주할 수도 있다. 하지만 바로 그러한 바쁜 일상 가운데에서 우리의 눈을 크게 떠서 혹시나 구원자 예수의 도움을 간곡히 바라는 이들이 있는지 살펴보아야 하는 것이다. 곧 우리의 분주한 일상 생활 가운데 물에 빠져 죽어 가는 영혼을 구해야 하는 순간을 맞이할 수도 있으므로 항상 구조할 준비가 되어 있어야 한다. 예수께서는 바쁜 일상생활을 지내셨지만, 잃어버린 사람들을 찾고 구원하는 가장 중요한 임무를 망각한 적은 단 한

번도 없었다.

우리는 모두 죽어 가는 남녀와 어린이들, 곧 낙심한 영혼이 급속히 물속으로 빠져가는 그들을 주님께로 인도할 수 있다. 하지만 먼저 그들이 누구인지 알아야 하고 보살펴야 한다. 우리가 이 땅에 살아 있는 목적은 예수의 선하심을 마냥 혼자 즐기기 위해서가 아니다. 우리 주변에 죽어 가는 모든 사람들을 더 이상 무관심하게 바라보기만 해서는 안 된다.

우리 가족 중에서 내가 유일한 인명 구조원은 아니었다. 사실 삼대째, 우리 가족은 남부 캘리포니아에서 인명 구조원으로 일하고 있다. 할아버지와 아버지, 삼촌들 모두 똑같이 해변에서 근무하셨다. 다만 차이점은 내가 좀 더 인명구조의 경험이 많다는 것이다. 어느 때는 내가 하룻 동안 구조한 사람이 그분들이 여름 내내 구조한 사람들보다 많은 적도 있었다. 우리 아버지는 그 이야기를 듣고 무척 놀라기도 하셨지만, 100퍼센트 다 믿지 않는 눈치였다. 내가 맡은 구역에 모여드는 사람들 수가 많아져서 그런 것이라고 둘러대기는 했지만, 사실 진짜 이유는 우리 아버지와 삼촌이 물에 빠진 사람들을 미처 발견하지 못했기 때문이었다. 두 분 다 심각한 근시였다. 두 분은 모두 뛰어난 수영선수였고, 특히 삼촌 피터 콜은 하와이에서도 전설적인 파도타기 선수셨다. 환갑이 지난 늦은 나이에도 여전히 파도타기를 즐길 정도다. 하지만 물에 빠져 죽어 가는 사람을 발견할 수 없다면 인명 구조원의 능력이 얼마나 뛰어난가 하는 것은 중요하지 않다.

이 책을 읽는 여러분들은 도대체 어떻게 시력이 좋지 않은 사람들한테 인명 구조를 맡길 수 있었는지 의아해할 것이다. 물론 이유는 있지만, 알면 더 화가 날 것이다. 아버지와 삼촌이 같이 지내던 사람들 중에 아주 몸이 떡 벌어진 '버지'라는 이름의 서핑 동료가 있었다. 버지는 비록 수영 실력은 그리 뛰어나지 못했어도, 꼭 구조대원이 되고 싶어 했다. 그래서 그들은 함께 자격 시험을 통과하기 위해서 열심히 준비했다. 시험 날, 버지는 체력 검사장에 아버지와 자기 이름으로 시력 검사를 받으러 갔고, 아버지는 버지의 이름으로 수영 시험을 대신 쳐 주었다. 제대로 보지도 못하는 구조대라, 이 얼마나 끔찍한 일인가? 또 한 사람은 수영도 제대로 못하는데 말이다. 이쯤 되면 여러분들은 그럼 대체 우리 아버지의 수영 시험은 누가 대신 봤는지 궁금할 것이다. 물론 아버지와 일란성 쌍둥이인 우리 피터 삼촌이었다. 한 번은 자기 이름으로, 다시 되돌아와서는 아버지 이름으로 대신 시험을 본 것이다.

여러분이 혹 충격을 받았을까봐 하는 이야기인데, 요즘에는 시험 과정이 엄격하게 조직적으로 진행된다. 따라서, 안심하고 바닷가로 달려가도 된다.

이런 우스꽝스러운 비극을 들여다보면 오늘날 교회 안에 가장 시급한 것이 무엇인지 보여 주고 있다. 제자 삼는 능력이 아무리 탁월하다고 하더라도 이를 필요로 하는 사람들이 누군지 전혀 알아보지 못한다면 아무짝에도 소용이 없다. 또한 제자 삼는 능력이 제대로 갖춰져 있지 않다면 아무리 눈을 들어 추수밭을 바라본다 해도 전혀 손을 쓸 수 없다. 나는 오늘날 교회들 안에 이 두 가지 모두가 제대로 갖춰지지 않았다고 생각한다. 교회에는 죽어 가는 영혼들을 볼 수 있는 눈을 가진 사람과 그들을 구조해 낼 수 있는 능력을 갖춘 사람들이 필요한 것이다.

나는 이 책을 통해 여러분이 물에 빠져 죽어 가는 사람들을 도울 수 있게 될 뿐만 아니라, 그들 역시 여러분과 같이 영혼들을 향해 나아가서 구해 낼 수 있는 재생산력을 지닌 사람들로 키울 수 있는 방법을 깨닫게 되었으면 한다.

이 책에서는 먼저 제자를 배가시키는 기초적인 원칙 몇 가지를 살펴볼 것이다. 다음에는 그 원칙과 발맞춰 사용할 수 있는 제자 훈련 시스템을 소개하고 그 배경에 대해서 나눌 것이다. 이후에는 '삶을 변화시키는 소그룹'이라는 간편한 시스템을 설명할 것이다. 이것은 여러분의 교회 안에서 자연스러운 성장과 배가가 일어나도록 해 줄 수 있는 시스템이다. 그리고 마지막으로는, 이 시스템에 대해 사람들이 질문했던 내용과 이 시스템의 가장 주된 목표가 무엇인지 그리고 그 이점에 대해서 살펴보게 된다.

물론 이 책 안에는 제자 배가를 가능하게 해 주는 아주 실질적인 방법이 나와 있지만, 그렇다고 이 책이 단순히 제자화에 대한 방법론적 '입문서'는 아니다. 이 책의 첫 1/2부분에는 원칙에 대해서 설명해 놓았다. 사실상 이 책에 나와 있는 방법론적 이야기는 아주 단순해서 몇 장만 넘기면 금방 다 이해할 수 있을 것이다(그렇지만 정말 뛰어난 전략 가운데 하나다). 하지만 제자 배가의 효과를 더하기 위해서는 이 부분에 나온 원칙에 대해서 꼼꼼히 이해하고 넘어가야만 한다. 모든 것의 핵심이자 중심이기 때문이다. 나는 많은 경험을 통해 원칙에 대한 깊은 이해 없이 무조건 방법만 도입하게 되면 결국 실망과 실패를 낳을 뿐이라는 사실을 깨닫게 되었다. 그렇다. 우리들 대부분은 즉시 활용할 수 있고 효과를 볼 수 있는 실질적인 방법론적 '입문서'를 받아들이기 좋아한다. 하지만 이 책에 설명된 원칙과 가치의 틀을 잘 잡지 못하게 되면, 방법이 아무리 좋아도 그 안에서 건강한 생명력을 꽃 피울 수 있는 환경은 조성되지 않는다.

다시금 말하는데, 이 책에 나온 방법들을 통해 사람들의 인생이 변하는 것이 아니라, 오직 성령을 통해서만 예수 그리스도의 복음의 능력을 생명을 갈급해하는 영혼들에게 전해 줄 수 있다는 사실에 주의하기 바란다. 방법적인 측면이 도움을 줄 수 있으려면, 절대절명의 죄인이 하나님을 만나고 그의 말씀으로 지속적인 가르침을 받도록 하되, 주님을 따르는 사람들로 구성된 믿음의 공동체 안에서 그 일이 이루어져야만 한다.

|제2장|
삶을 변화시키는 능력이 필요하다

오늘날 서구 세계의 교회들은 영적으로 심각한 전쟁을 벌이고 있지만, 아무리 보아도 전세는 상당히 불리한 상황이다! 미합중국은 예수 그리스도에 대한 자유로운 믿음을 표방하는 나라로 시작된 국가다. 오랜 세월 동안 세계 곳곳에 복음을 전파하고, 선교 사업으로 여러 다른 나라들에게 부흥의 물꼬를 터주는 선두적인 역할을 감당했던 사람들이다. 그러나 오늘날 남아 있는 것은 이전 세대의 왕성한 믿음이 타고 남은 재뿐이다. 한때 선교를 담당했던 나라임에도 불구하고, 오늘날에는 복음을 절실하게 필요로 하는 선교 대상국으로 전락해 버린 것이다.

아이러니하게도 최근에는 미국이 전 세계에서 교회 수가 부족한 5번째 나라로 뽑혔다. 곧 1억 8천 7백 명의 미국인들이 복음과는 전혀 관계 없이 살아간다는 뜻이다. 그나마 전통적으로 주일 아침 예배를 드리는 개신교 교회에 참석하는 사람들 가운데 절반 가량도 진정한 그리스도인이 아니다. 매년 2,765,000명의 사람들이 교회를 떠나고, 매년 3500~4000개의 교회들이 문을 닫는 반면, 새롭게 시작하는 교회는 겨우 1100~1500개에 불과하다. 또한 10년 전에 비해 교인 성장률이 늘어난 주는 한 곳도 없다.

『교회의 NCD 잠재력을 풀어놓아라』(도서출판 NCD, 2000)의 공동저자인 톰 클렉은 이렇게 반문하고 있다. "미국이 정말 기독교 국가라면, 세계 최대의 불교 사원은 왜 미국 콜로라도 주의 불더에 자리잡고 있는가? 세계에서 가장 큰 교회는 대한민국의 서울에 있는데 말이다. 미국이 정말로 기독교 국가라면, 세계 최대의 모슬렘 훈련 센터는 왜 뉴욕에 버티고 서 있는가? 세계에서 두 번째로 큰 교회는 나이지리아에 있는데 말이다."

과거 어느 땐가부터 교회는 점점 제도화되어 버렸고, 교회의 생활은 건물과 예산, 버스, 복잡한 행정 절차로 인해 분주하고 복잡해져 버렸다. 교회가 결코 바빠서는 안 된다는 말이 아니라, 예수께서 주셨던 "모든 나라에 가서 제자를 삼으라"는 우리의 주된 임무를 망각하게 되었다는 뜻이다. 조금 더 노력한다고 상황이 회복될 수는 없다. 우리에게는 기적이 필요하다. 우리에게는 아직도 희망이 있다. 이 세대가 지나기 전에 하나님의 최대사명을 성취할 수 있다. 하지만 먼저 초대 교회가 복음을 전 세계로 퍼뜨릴 수 있었던 근본적인 능력이 무엇인지 다시금 살펴보아야 할 것이다. 그리고 어떻게 제자 배가의 사건이 일어났는지도 살펴보아야 한다. 더불어 지옥의 문을 공격하는 임무를 수행하도록 복음의 군사를 재배치시켜야만 한다.

생명을 변화시키는 놀라운 능력

지금 당장 우리에게 필요한 기적은 이미 하나님께서 우리 가운데 부여하셨다. 바로 변화된 삶의 능력이다. 우리가 먼저 복음의 메시지를 온전히 제시한다면, 이 세상은 언제고 몸을 돌이켜 우리가 전하는 복음의 타당성과 능력이 어떤 것인지 보고자 할 것이다.

텔레비전 방송 중에 "ER"(응급실)이라는 드라마가 있는데, 교회가 가지고 있는 잠재력이 무엇인지 잘 보여 주는 내용이 있었다. 마크 그린 박사는 특유의 냉소적인 분위기를 풍기는 사람이었는데 간호사인 캐롤 해터웨이와 병원 응급실에 줄지어 들어오는 괴짜 같은 환자들 사이에 정신이 온전한 사람은 과연 얼마나 되겠냐며 논쟁을 벌인다. 그린 박사는 미치광이 환자들이 온전한 정신을 가진 사람들보다 훨씬 많다고 생각하며 간호사와 논쟁해서 승리를 거둔다. 기억을 더듬어서 그 드라마에서 본 내용을 최대한 정확히 설명해 보기로 하겠다.

내과의 조수로 일하는 흑인 지니 불렛이 아직 의식 불명인 어느 환자의 몸을 덮은 천을 들어 몸 전체가 KKK단(유대교, 천주교, 흑인들을 배척하는 미국의 비밀 결사대: 역자 주)의 문신으로 뒤덮힌 모습을 의사에게 보여 주었다. 그녀는 그린 박사에게 이 환자를 돌볼 만한 다른 사람을 찾아봐 달라고 요청했지만 거절당했다. 얼마 후, 환자가 의식을 되찾았다. 의식이 돌아온 그를 살펴보니 아주 점잖고 친절한 남자였다. 간호사 불렛은 냉담하고 무관심한 모습으로 환자의 방으로 들어가 상처를 봉합하려고 한다. 그 남자에게 환자복을 잠시 내려 보라고 하자 처음에는 아무 말 없던 그가, 그 일을 다른 간호사가 대신 해 줄 것을 요청한다. 그리고 그는 간호사에게 아주 의미 심장한 질문 하나를 던진다. "당신은 인생을 변화시키는 하나님의 능력을 믿나요?"라고 묻자 불렛은 "당신 온 몸에 새긴 문신은 대체 하나님하고 무슨 관계가 있단 말이죠?"라고 반문했다. 그러자 그는 "내 몸에 있는 문신을 못 봤으면 했는데……. 그래서 다른 간호사를 불러 달라고 한 거죠. 이 문신은 더 이상 나의 자랑거리가 아닙니다. 주 예수 그리스도께서 저의 삶을 바꿔 놓으셨죠. 내 삶에 있는 거라곤 증오와 두려움밖에 없었어요. 하지만 하나님께서 사랑과 믿음으로 나를 바꿔 놓으신 겁니다. 다시 한 번 물어볼게요. 당신은 인생을 변화시키는 하나님의 능력을 믿나요?"라고 묻는다. 헐리우드의 분위기에 걸맞지 않게, 이 드라마는 예수 그리스도의 복음을 통해 변화를 받은 사람의 간증을 주요 내용으로 구성하였는데 그 남자만 괴짜와 미치광이들(의사들 자신도 몇 포함해서) 가운데 유일하게 정신이 멀쩡한 사람으로 설정해 놓았다.

잠시 후, 불렛은 그 남자가 물어본 질문에 대해서 곰곰이 생각해 본다. 아마 지금껏 알아왔던 사람들 가운데 혹 정말로 삶이 변화된 이들이 있었는지 회상해 보는 것이리라. 불렛은 그 남자의 간증에 충격을 받았던지 자기 동료에게까지 "너는 사람이 정말로 변할 수 있다고 믿니?"라고 질문한다. 이것이야말로 우리가 사용할 수 있는 잠재력의 아주 좋은 예다. 대부분은 사람들이 변할 수 있다고 믿지만, 솔직히 조금만 시간을 내어 자기 친구나 주변 사람에 대해 생각해 보면 도저히 한 사람도 발견할 수 없다는 사실에 번민하게 된다. 복음의 진정한 능력이야말로 오늘날 진실한 힘의 근원이라는 사실도 모른 채 살아가는 모든 사람들을 향해 담대하게 선포할 수 있는 내용이다.

믿음 가운데 확고히 선 복음의 힘보다 더욱 큰 잠재성을 가진 것은 이 세상에 없다(롬 1:16). 에드 실보소는 그의 책 『멸망해야 할 사람은 아무도 없다』에서 이렇게 표현하고 있다. "교회에게는 이 세상 모든 정치가들이 무슨 짓을 해서라도 손에 넣고 싶어 하는 특별한 권능이 있다. 바로 사람의 마음을 변화시키는 능력이다." 우리는 이것을 전혀 활용하지 못한 채 내버려 두고 있지만, 분명히 우리의 손에 주어진 능력이다. 하지만 세상 사람들보다 겨우 조금 더 모습을 보여 주는 이들이 바로 교회를 가득 매운 소위 '그리스도인들'이다.

우리가 앞 장에서 살펴본 것은 예수께서도 변화된 생명을 가지고 있는 잠재적인 힘에 대해서 아주 귀하게 보셨기에, 마태를 부르시자마자 곧바로 사역에 투입하셨다는 내용이었다. 신약성경에 보면 이제 막 예수를 만났기 때문에 예수님이나 사역에 대해서 제대로 알지 못하지만, 그래도 복음을 효과적으로 담대히 증거할 수 있는 능력을 갖춘 사람들에 대한 예가 많다. 그들은 변화된 삶이 지니고 있는 저항할 수 없는 힘으로 사람들을 설득하는 것이다. 내가 제일 좋아하는 이야기는 요한복음 9장에 나오는 이야기다.

어느 안식일에 예수님과 제자들은 예루살렘 길을 따라 걷다가, 우연히 태어날 때부터 소경된 사람 옆을 지나게 되었다. 제자들은 예수님께 "죄를 지은 사람은 누구입니까? 이 사람(뱃속에서부터 죄를 지은)입니까, 아니면 그 부모입니까?"라고 질문했다. 물론 예수님의 대답은 명답이었다. "부모가 지은 죄 때문이나 그가 뱃속에서 지은 죄 때문에 평생토록 고난을 받아야 하는 것이 공정한 일인가?" 그리고 다시금 기막히게 놀라운 대답을 해 주셨다. 그 사람이 소경으로 태어난 것은 자신의 죄 때문이 아니라, 바로 그때를 위함이라고 하신 것이다. 그런 다음에는 아주 괴상한 일을 행하셨다(모든 성경이 이 부분만큼은 빨간 딱지를 붙여 두어야 할 것이다. "경고! 절대로 집에서는 따라 하지 마시오") 예수께서는 땅 위에 침을 뱉으셨고, 다시 침으로 뒤범벅이 된 티끌을 끌어 모아, 영문도 모르고 있는 소경의 눈에 갖다 바르신 것이다. 그리고는 실로암 연못에 가서 눈을 씻으라고 말씀하자 소경은 두말없이 순종했다.

그 남자는 한번도 낫고 싶다거나 구원받고 싶다고 매달린 적이 없었다. 순전히 예수께서 먼저 주도적으로 다가오셔서는 다소 무례해 보이는 비전통적 방법을 사용하셨다. 심지어 자신이 누군지 소개조차 안 하셨다. 남의 눈에 침을 뱉거나 더러운 흙더미를 눈가에 발라 대는 일보다 더 끔찍한 일이 어디 있겠는가? 이에 대한 정답은 "모두 하늘에 속한 일"이라는 것이다. 이후 그 남자가 눈을 뜨게 된 다음에는 예수님이 하신 일에 대해 좀 더 고상한 단어를 써서 설명했다. "예수라는 분이 갑자기 진흙을 만드시더니 내 눈에 기름을 바르시고 '실로암 연못에 가서 씻어라' 하시던데요." 우리는 마치 예수님의 대변자 마냥, 그분이 하신 일이나 말씀을 좀 더 순화시켜 표현하고자 하는 경향이 있다. 확신하건대 예수께서는 사람들에게 좀 특이한 인상을 주는 파격적인 일에 결코 머뭇거리는 법이 없으셨다. 그렇지 않으면 평생토록 틀에 박힌 일상적인 삶을 지속해 나갈 사람들이 아닌가. 그들의 동기야 어떠하든, '원문에 나온' 예수님의 행동과 말씀을 희석시키는 것은 신성과 인성을 가진 진정한 하나님의 모습을 우상화시켜 버리는 것이나 다름없게 된다. 우리 자신의 의견이나 훈수가 들어갈 필요는 전혀 없다.

예수님의 말씀에 순종했던 그 사람의 모습은 적어도 어느 정도의 믿음을 보여 준다. 하기야, 두 눈이 침과 진흙으로 뒤범벅이 되어 있는데 씻어 버리고 싶지 않은 이가 누가 있으랴? 어쨌든 약간의 믿음이라도 가진 덕에 그 사람은 눈이 낫게 되었다.

이날의 기적은 마을 안에 적잖은 소요를 불러일으켰다. 마을 사람들은 날 때부터 소경이었던 사람이 분명 그 남자가 맞는지 의심스러워했다. 그 사람은 싱글벙글하면서 "내가 정말 그 사람이라니까요"라는 말로 일관했다. 그 사람은 자신이 나은 사실을 숨기려 하지 않았다. 이 사건이야말로 일평생 가장 최고의 일이었기에 모든 사람들에게 말하고 싶었던 것이다. 의심많은 사람들은 결국 법정까지 그 사람을 끌고와서 바리새인들 앞에 세웠다.

단지 눈으로 볼 수 있던 사람이 이제 똑바로 상황을 직시하는 사람으로 변화되는 모습을 바로 이 법정 심문 과정에서 볼 수 있다. 심문과 논쟁으로 맹렬히

달아오르는 가운데, 믿음이 일어나고 확신이 자라 가는 그의 모습을 한번 지켜보라.

바리새인들은 이 사건을 더 집요하게 취조했다. 명백히 말해 이 사건은 안식일의 규율을 범하고 있었다. 그들은 자기들 눈 앞에서 일어난 기적에 대해서는 손끝만치도 놀라지 않았고, 오로지 안식일의 법을 어겼다는 사소한 사실에만 눈독을 들일 뿐이었다. 이 당시 유대 지도자들은 백성들이 안식일에 행할 수 없도록 제한하는 39가지의 행동 법규를 추가로 만들었다. 이 법을 어길 때에는 돌에 맞아 죽을 수도 있었다.

바리새인들의 논쟁은 점차 그 죄인이 안식일에 이런 일을 해도 되는지 여부를 따지는 것으로 넘어갔다. 그런데 회의 도중, 바리새인들은 엄청난 실수를 저지르고 말았다. 잘못도 그런 잘못이 없었다. 그들은 소경이었던 그 사람에게 예수를 어떻게 생각하느냐고 질문한 것이다. 한때 소경이었던 사람의 입에서는 한 치의 주저함도 없이 대답이 바로 튀어 나왔다. "선지자이십니다."

도저히 그 결론을 받아들일 수 없었던 바리새인들은 우스꽝스러운 취조를 시작하게 된다. 그 사람이 정말 태어날 때부터 소경이었는지 여부를 따지는 것이었다. 그 사람이 증거하는 내용을 전혀 인정할 수 없었기에 다른 증인들의 이야기를 들어 보기로 했고, 그래서 그 소경의 부모를 불러 법정에 세웠다. 그의 부모는 누구든 예수를 그리스도로 시인하면 유대 회당에서 쫓겨난다는 조항 때문에 무척 두려워 떨고 있었다. 따라서 그가 자신들의 아들이라는 것과, 또 정말로 태어날 때부터 소경이었다는 사실을 조심스레 슬쩍 시인했다. 그가 어떻게 눈을 뜨게 되었는가에 대해서는 굳이 대놓고 답변하는 모험을 피하면서 다만 아들이 스스로 자기 이야기를 할 만큼 나이를 먹었다고만 언급했다. 바리새인들도 할 말이 없었다. 사건은 다시 원점으로 돌아왔다.

원하는 대로 일이 되어 가지 않은 데에 화가 난 종교 지도자들은 다시금 소경이었던 그 남자를 불러서 "영광은 하나님께만 돌려라. 그 남자는 죄인이라는 사실을 우리는 다 알고 있다"라며 엄포를 놓았다. 재미있는 사실 한 가지는, 이 사건 초반에 예수께서 그 소경된 사람이 하나님께 영광을 돌리기 위해 태어났으며 예수께서 행하시는 기적을 통해 그 일을 보이리라고 말씀하셨다. 그리고 실상 그는 바리새인들이 요구한 사항 그대로를 행하면서, 또한 예수께서 기적을 행하셨음을 인정했다.

바리새인들이 그를 위협하며 모든 영광은 하나님께 돌리지 예수라는 '죄인'에게 돌리지 말라고 했을 때에도, 그 사람은 자신의 새로운 믿음을 위하여 단호히 선포했다. "그가 정말 죄인인지는 잘 모르겠습니다. 하지만 제가 아는 분명한 사실은 한때 소경이었던 제가 지금은 두 눈으로 모든 것을 볼 수 있다는 사실입니다." 바리새인들은 더 이상 대답할 말이 없었다. 신학이니 경건이니 하는 위선적인 정죄의 말들은 내뱉을 수 있었는지 모르지만, 예수에 대해 잘 몰라도 분명하게 믿음을 고백하는 그의 말에는 전혀 도전할 수가 없었다. 그는 율법이나 신학, 메시아라는 말의 정의조차도 제대로 알지 못했지만, 자신이 겪은 바에 대해서는 전문가라 불릴 자격이 있는 사람이다. 어느 누구도 이 사실에 도전할 수 없다.

실망한 바리새인들은 예수가 어떻게 기적을 행했는지 다시금 설명해 보라고 했다. 지금까지 질질 끌어오는 심문에 지쳐 있던 그는, 사실상 그들 종교 지도자들이 자기의 말에 대답도 제대로 못한다는 사실을 깨닫기 시작하면서 더욱 자신감을 갖게 되었다. 종교 지도자들은 이제 남에게 '비판을 받을 수 없는' 신성한 부류들이 아니었다. 어떻게 그런 일이 일어났는지 다시금 설명해 보라고 다그치는 바리새인들을 향해, 그는 좀 더 힘주어 강조하면서 꽤나 통렬한 어투로 대답했다. "이미 말했잖아요. 내 말이 안 들립니까? 왜 또 듣겠다고 하는 거냐고요. 당신들도 예수님의 제자가 되고 싶어서 그런 건가요?"

이렇듯 글도 읽을 줄 모르는 무식한 남자의 강력한 증거에 맞부딪힌 바리새인들은 섬뜩한 위협을 느끼면서도, 상습적으로 사용하는 정죄의 욕설과 종교적 정당성을 주장하는 위선적인 말투로 그를 공격했다. 그러나 그를 지독하게 괴롭힐 수 있다고 던진 말이 도리어 그가 받을 수 있는 최고의 찬사를 쏟아낸 셈이 되고 말았다. "너는 그 사람의 제자지만, 우리는 모세의 제자다." 그러면서 그들은 계속 나름의 신학 이론을 펴면서 "우리는 하나님께서 모세와 이야기하셨다는 사실은 알아도, 그 사람은 대체 어디서 왔는지 알지 못한다"라고 떠들어 댔다.

내 생각엔, 바로 이 순간에 그 남자의 마음이 자유로워진 것 같다. 그는 한 번도 자신이 누군가의 제자라고는 생각한 적이 없었다. 방금까지만 해도 그는 쫓겨난 자요, 패배자였다. 하지만 이제는 예수님의 제자인 것이다! 분명 이 남자는 그런 가능성에 대해서 전혀 생각도 못하다가, 자신을 고소하는 사람들의 말에 귀 기울이면서 처음으로 깨닫게 된 것이리라. 그는 아직 예수가 누구인지 제대로 알지 못했다. 하지만 갑자기 모든 사람들의 입에 오르내리는 그 사람의 제자가 된 것이다. 그는 자기 신분에 대해 다소 우쭐한 마음도 들었고 확신도 들기 시작했다. 바리새인들은 본질적으로 자기 주인 모세가 너의 주인 예수보다 낫다라고 했던 자신들의 말 때문에, 그 사람을 혐의의 덫에 빠뜨리는 데 실패한 것이다.

그 남자는 예수가 누구신가에 대한 확신으로부터 나오는 새로운 용기를 품에 가득 안고 먼저 적극적인 행동을 보였다. 비판이 불가했던 바리새인들 앞에 서서 그들을 공격하기 시작한 것이다! 누가 질문도 하기 전에 그는 "글쎄요. 당신들은 그분이 어디서 왔는지 모른다고 했는데, 여기 놀라운 사실 하나가 있습니다. 그분이 나의 눈을 열어 주셨단 말입니다(바리새인들은 자신들이 뭘 잘 모른다는 말을 듣는 것을 제일 기분 나빠한다). 우리들 모두 하나님은 죄인의 기도를 듣지 않으신다는 걸 잘 압니다. 하지만 하나님을 경외하고 하나님의 뜻을 행하는 사람의 기도는 들으십니다. 역사가 시작된 이래로, 태어나면서 앞 못 보는 사람의 눈을 뜨게 한 예는 없습니다. 예수께서 하나님으로부터 온 사람이 아니라면, 아무런 기적도 행하지 못했을 겁니다."

그는 말을 하면서 오히려 더 분명하게 깨닫기 시작했다. 자기의 눈을 뜨게 해 주신 예수께서는 틀에 박힌 이들 종교 지도자들보다 훨씬 큰 분이라는 사실을 문득 이해하기 시작한 것이다. 바리새인들은 여전히 예수님과 모세를 비교해 가며 "내 주인이 네 주인보다 낫다"라는 유치한 말장난만 하고 있었고, 이제 그 사람은 '태어나면서부터 눈 멀었던 사람의 치유'라는 자신의 전공 과목을 놓고서 깊이 있는 설명을 덧붙일 만큼 이해하게 된 것이다. 그렇다. 심지어 모세도 그런 기적을 행할 수 없었다! 이 세상이 시작된 이후, 어느 누구도 할 수 없었던 일이다! 바리새인들이여, 이제 항복하라!

그의 말은 바리새인들의 자존심을 엄청나게 건드렸다. 그들은 제대로 된 논쟁커녕 욕설만 해대고 있었고, 자기 위치가 얼마나 높은지 자랑하기에만 급급했다. 그러면서 이야기는 전부 원점으로 돌아와 똑같은 질문이 다시 반복되었다(이미 그 사람도 들었던 말이었으리라). "누가 죄인이냐, 이 사람인가 아니면 그의 부모인가" 그러면서 "너는 태어나면서부터 죄인인 주제에, 감히 우리를 가르치려 드는가"라고 꾸짖는다. 눈을 뜨게 된 이 남자를 향해 파문의 형벌을 내린 사람들은 바로, 본질을 못 보는 율법의 소경들이었다.

그들은 마지막 순간까지도 그 사람을 비난하고 정죄하면서 비꼬는 말을 서슴지 않았다. 한번 생각해 보라. 몇 시간 전까지만 해도 그 남자는 아무런 소망도 없고, 대우도 받지 못하면서 음식이나 구걸하는 가난한 소경이었다. 그를 보는 모든 사람들이 그를 벌레만도 못한 간악한 죄인으로 여겼다. 그렇지 않고서야 하나님이 그를 소경으로 만들리 없다고 생각했기 때문이다. 그런데 이제, 예수라는 이름의 신비의 인물과 순간의 만남을 가진 직후, 갑자기 당대의 권세 있고 지식 있는 바리새인들을 대항하여 그들도 가르침의 위협을 느낄 만큼 당당하게 공격을 하고 있는 것이다! 그는 바리새인들에게 신학을 가르치고 있었다! 내용은 물론 논쟁에서도 승리한 것이다. 그가 온전히 죄악 가운데서 태어났다는 낙인을 찍으려고 끝까지 몰아쳤던 바리새인들의 노력은 오히려 그의 믿음을 더욱 격려해 주는 촉진제의 역할을 했다. 예수께서는 이미 그가 자신의 죄 때문에 그렇게 태어난 것이 아님을 증명해 주셨기 때문이다. 그는 이제 볼 수 있게 되었다! 한때는 자신이 죄 가운데 태어났다고 여기고 자포자기하며 구걸이라도 해서 생명을 연장했지만, 다른 사람이 뭐래도 이제 자신은 더 이상 그 말을 믿을 이유가 없다. 그를 죄인이며 무지하다고 업신여긴 사람은 그 사람 자신이 아니라 바로 이들 바리새인이었던 것이다.

이처럼 예외적인 사건을 보면서 떠올리는 질문이 있다. 왜 예수께서는 그토록 이상한 방법으로 기적을 행하셨을까? 하지만 예수께서는 맨 처음 그 이유를 이미 설명하셨다. 그 남자가 소경으로 태어난 것은 "하나님의 일이 그를 통해서 온전히 드러날 수 있도록" 하기 위해서였다. 예수께서는 일부러 곧바로 눈이 보이지 않는 방법을 사용하셨다. 그 사람이 나중에 자연스레 바리새인들 앞으로 불려가게 되면, 예수께서 직접 그들을 상대하여 변호하지 않아도 되는 것이다. 예수께서는 그 남자가 비록 예수를 보지도 못했고, 잘 알지도 못하지만 당당히 바리새인들과 맞서서 그들을 반박하고 부끄럽게 만들기 원하셨다고 나는 생각한다. 오히려 그들과 반박하는 동안 그 남자는 예수께서 선지자라는 사실을 확신하게 되었고, 그가 하나님으로부터 오신 분이라는 것과 인류 역사 이래로 그러한 기적을 행한 사람은 단 한 분 예수뿐이라는 사실을 깨닫게 되었다. 그리고 예수는 모세보다도 더 크신 분임을 확신하게 되었다. 예수께서 이미 행하신 일이지만, 다른 어느 누구보다도 이전에 눈먼 거지였던 사람이나 악명 높은 범죄자들이 그 사실을 고백하게 될 때 하나님은 삶을 변화시키는 기적의 영광을 배로 받으실 수 있는 것이다.

아주 재미있는 사실은 이 사건이 일어나기 직전에 바로 이들 바리새인들과 예수님 사이에 논쟁이 있었다. 그들은 예수님을 비난하며 "너는 네 자신을 증거하니 너의 증거는 참되지 않다"(요 8:13)라고 잘라 말했다. 예수께서는 두 가지 방법으로 대응하셨다. 처음에는 "내가 나 자신을 증거한다고 해도 그 증거는 참된 것이다. 나는 내가 어디서 왔고 또 어디로 가는지 알지만, 너희들은 내가 어디서 와서 어디로 가는지 전혀 알지 못하기 때문이다"라고 직접 변론하셨다.

두 번째로는 이 남자를 보내어 예수께서 어디서 오셨는지 증거하도록 하셨다. 그리고 그는 훌륭하게 예수님을 변호했다. 우리는 보통 세상에 복음을 증거하려면 가장 지식이 많고 지적인 사람을 보내야 한다고 생각할 것이다. 우리의 교육과 철학적 논쟁만이 사람들을 설득하여 예수님을 믿게 한다고 생각하기 마련이다. 하지만 예수님의 말씀이 옳다는 것을 가장 설득력 있고 효과 있게 논쟁할 수 있는 것은 바로 변화된 삶의 증거다. 그 증거야말로 예수님을 따르는 모든 사람에게 주어진 가장 강력한 무기다. 여기에는 지능지수가 뛰어날 필요도 없고 인생의 좋은 점수나 지위가 요구되는 것도 아니다. 예수님은 우리 중 어느 누구라도 활용할 수 있는 능력이다.

또한 우리는 무의식 중에 아주 유명한 사람이나 성공한 이들이 그리스도인이 되면 그야말로 놀라운 복음 증거자가 될 것이라고 생각할 것이다. 이러한 관점을 설명하는 신학적인 용어가 "돼지죽"(변변치 못한 것)이다. 하나님 나라는 그리스도를 따르는 사람들 모두에게 나눠 줄 것들로 충만한 곳이므로, 세상에서 사용하는 지위나 물질 따위는 그리 중요하지 않다.

사실상, 가장 빈곤하고 피폐한 사람이 예수님을 만나 삶이 변화되면, 하나님의 능력을 전하는 가장 위대한 증인이 된다. 우물가에서 물 긷던 사마리아의 여인을 기억하는가(요 4:28~30, 39~42)? 귀신 들렸다가 자유로운 몸이 된 후, 그 지역에 남아 복음을 전하라는 명령을 받았던 거라사 남자도 기억하는가(막 5:1~20)? 한때 멸시받는 세금 징수원이었던(마 9:9) 마태가 곧 친구들을 초청하여 복음 전도 잔치를 열었고(마 9:10~13), 몇 구절 뒤에는 이내 도시들을 다니며 복음을 전파하는 사도로 부르심을 받았다(마 10:2)는 사실이 놀랍지 않은가?

하나님이 쓰시려고 택한 사람들을 한번 잘 살펴보라. 난잡한 삶을 살았던 사마리아 여인은 어떤가? 악명 높고 벌거벗은 채 귀신 들려 뛰어다니던 최고의 난봉꾼, 거라사 남자는 또 어떤가? 모두에게 멸시받고 죄인의 낙인이 찍혀 살던 가난한 눈먼 거지는? 증오의 대상이자, 민족의 반역자였던 세금 징수꾼은? 이들은 모두 예수님의 선택을 받고 복음의 능력으로 옷 입게 되었다. 뛰어난 명성과 자격 과잉의 전문가들로 넘쳐나는 이 세상에 사는 우리로서는 예수님께서 이런 어리석고 천대받는 평범한 사람들을 뽑아 전도에 앞장서게 하는 것이 아주 어색한 일이다. 하지만 예수께서는 그들을 선택하셨다. 사실상, 이것은 예수께서 택하지 않으신 세상의 잘난 사람들을 향한 경고였다. 여러 친구들 사이에서 지도자 역할을 하고 율법을 철저히 지키는 최고의 인격을 가졌다고 했던 부자 청년의 경우, 예수께서는 면전에서 대놓고 그를 거부하셨다(눅 18:18~25).

그렇다면 지식이나 훈련, 성숙은 불필요하기 때문에 그렇게 하신 것인가? 당연히 그런 것은 아니다. 실상은, 그리스도를 담대히 증거하는 훈련과 성숙의 전 과정을 보여 주신 것이다. 이를 통해 알 수 있는 사실은 인간에게는 그러한 능력이 없어도, 예수 안에 있는 능력은 사람들을 그리스도께로 끌어오기 충분하다는 것이다.

어쩌면 우리는 인생을 깊이 변화시키고 능력을 부여하는 복음의 진정한 힘에 대해서 그 믿음을 상실했는지도 모른다. 그리고 복음 자체보다는 교회의 합리적인 훈련 시스템이 더 믿음직하게 보일 수도 있다. 또한 내가 아는 한, 우리 대부분이 세상의 어두움은 하나님이 주시는 생명을 파괴할 만큼 대단한 위력을 가지고 있다고 생각하지, 새로운 생명의 빛이 어두움을 공격하고 항복시킨다고는 생각하지 않는다. 믿음을 공격하는 세력에 대해 분리주의적이고 방어적인 태도를 가지는 모습을 보면 이를 잘 알 수 있다. 아무리 선의의 보호책을 쓴다고 해도 이것은 하나님의 자녀들을 보호하는 참된 방법이 아니다. 오히려 잃어버린 영혼들이 참된 구주를 만나도록 도와줌으로써 급격한 인생의 변화를 체험하도록 하는 것이 참된 보호책이다.

이제 교회가 복음의 능력에 대한 믿음의 수준을 높이고, 세상에서 예수님의 종으로 섬기기 위해 필요한 모든 자격 수준에 대해서는 눈을 낮추게 되기를 바란다.

언뜻 보기에는 성공적인 사람들이라 할지라도 먼저 그리스도를 향한 깨어진 마음과 절대적인 갈급함이 무엇인지 깨닫기 전에는 하나님 나라를 위해 쓰임받지 못한다.

찰스 콜슨은 닉슨 대통령 보좌관으로 재직하던 시절, 세계적으로 막강한 컨소시엄에 소속되었던 사람이다. 훗날 자신의 인생을 회고하는 글을 썼는데, 교도소 행사에서 강연을 맡으면서 자신의 가장 연약한 부분을 통해 가장 크게 쓰임받는다는 사실을 깨달았던 경험을 이야기하고 있다.

"나는 강단 뒤에 앉아 강연 순서를 기다리면서, 자랑스러운 나의 과거 일들을 떠올리기 시작했다. 장학금을 타고 명예를 얻고, 소송에서 승리하고, 정부 사무실에서 중요한 사항을 결정하던 일들 말이다. 내 인생은 완벽하게 성공을 이룬 대명사가 되었고, 나의 아메리칸 드림은 성취되었다. 하지만 그 순간, 교도소에 있는 사람들이나 이와 비슷한 처지에 있는 사람들을 도울 수 있도록 하나님이 나에게 주신 것은 나의 성공담이 아니라는 사실을 갑자기 깨닫게 되었다. 나의 성공적인 삶이 그날 아침의 강연을 영광스럽게 만들어 주는 것이 아니었다. 하나님의 경제 관점에서 보면 나의 모든 성공들은 어떤 특별한 의미도 없었다. 내 인생이 진정으로 그들에게 전해 줄 수 있는 것은 가장 비참했던 실패담, 곧 나는 전과자였다는 사실이었다. 감옥에 보내졌던 치욕적인 순간이야말로 하나님이 내 인생을 크게 사용하시는 첫 시작이었다. 도저히 내 인생으로는 하나님께 영광을 돌릴 수 없음을 깨달았던 바로 그 사람을 선택해 주신 것이다.

이 경이로운 진실을 대면하자, 교도소 예배실 안에 앉아 있던 몇 분의 그 순간 동안 나의 세계는 완전히 뒤바뀌었다. 내가 자신의 인생을 완전히 거꾸로 바라보고 있었음을 깨닫는다는 것은 실로 엄청난 충격이었다. 하지만 이제야 나는 제대로 볼 수 있었다. 나 자신을 훌륭한 사람으로 돋보이게 한다고 생각하는 모든 것을 잃어버릴 때라야, 하나님이 나를 위해 계획하시고 목적하셨던 진실한 자아를 찾을 수 있다는 것을 말이다.

중요한 것은 내가 무엇을 하느냐가 아니라 주권자이신 하나님께서 우리를 통해 무엇을 선택하시는가다. 하나님이 원하시는 것은 우리의 성공이 아니라, 바로 우리 자신이다. 우리의 성취를 요구하시는 것이 아니라, 순종을 원하신다. 하나님 나라는 역설의 왕국이다. 십자가의 추한 패배를 통해 거룩한 하나님께 궁극적인 영광이 돌려진다. 승리는 패배를 통해 주어진다. 치유는 깨어짐이 있을 때 찾아온다. 자아의 회복은 자아를 잃어버릴 때에만 가능하다."

예수의 진실됨에 도전하는 바리새인들의 비난 앞에서 예수를 증거하는 자로서도록 선택받은, 소경이었던 그 남자는 아주 평범한 사람에 불과했다. 예수께서는 가장 소외되고 버려진 사람을 선택하셔서 울부짖는 늑대의 무리 앞에서도 당당히 주의 영광을 선포하도록 보내신 것이다.

'이제 막 눈을 뜬' 그 남자가 바리새인들과의 논쟁을 성공적으로 마치고 돌아오자, 예수께서 그에게로 다가오셔서 "너는 인자를 믿느냐"라고 물어보셨다. 그가 예수를 눈으로 직접 본 것은 처음이었지만, 그의 목소리는 기억하고 있었다. 특별히 선택받은 이 증거자는 "주님, 그 사람이 누구입니까? 그분을 믿고 싶습니다"라고 외쳤다. 그 남자는 여전히 그리 많은 것을 아는 것은 아니었지만, 목자의 음성만은 분명히 구별할 수 있었다(요 10:27). 그는 바리새인들로부터 '예수의 제자'라 불리며 배척받고 쫓겨났다. 이제 그는 예수를 '주님'으로 부르며 자신이 그의 제자라는 사실을 확인했다. 한때 단순하고 조그맣던 그의 믿음은 담대한 복음의 증거자로 크게 변하였고, 주님 앞에 조심스레 자신을 내어드렸다.

예수께서는 "네가 이미 보았고, 지금 너와 함께 이야기를 나누는 이가 바로 그 사람이다"라고 응답하셨다. 이는 참으로 심오한 말이다. 예수께서는 일부러 '그를 보았다'는 과거의 경험과 '너와 이야기를 나누는'이란 현재형으로 나누어 말씀하신다. 그가 말씀하시는 '보았다'는 말은 두 눈으로 예수를 볼 수 있는 육체적 능력이 아니라, 그가 정말로 예수를 발견한 시점, 곧 바리새인들 앞에 서서 조금 전에 있었던 그 순간을 말씀하시는 것이라 생각한다. 태어날 때부터 보지 못한 사람이 예수를 눈으로 보게 되었다는 사실도 놀라운 일이지만, 예수께서 말씀하시는 것은 시력의 회복이 아니라, 깨달음의 회복을 주신 것이다.

그는 믿음을 가지고 "주님, 제가 믿습니다"라고 대답하며, 이어 주님을 경배했다고 복음서는 말한다. 바로 눈 앞에 예수께서 서 계시는데, 어느 누가 회당까지 찾아가 경배하겠는가(요 4:21~24)! 회당을 관리하고 있는 무기력하고 사악하기 그지없는 위선자들의 눈 밖에 난 이후, 당시의 종교 체제의 비주류로서 예수를 따르는 한 사람이 되는 것은 그리 어려운 일이 아니었다고 본다. 그는 지체 부자유자라는 이유 하나만으로 이미 종교 체제에서 버림받은 사람이었다. 그런 사람이 공권력을 가진 사람들 앞에서도 담대히 메시아를 전하고 변호하면서 의미 있는 인생을 살아가는 중요한 인물이 된 것이다! 예수께서는 시력의 회복뿐 아니라 인생의 소망과 가치도 주신 것이다. 이제 그의 인생은 예수님 때문에 의미와 목적이 생긴 것이다. 이제 그는 완전히 치유받고 영원히 변화되었다.

예수께서는 "나는 이 세상을 심판하러 왔으니, 보지 못하던 이들은 볼 것이고, 보던 사람들은 소경이 될 것이다"라는 말씀을 하시며, 눈을 뜨는 기적의 사건을 마무리하셨다. 이 말씀은 바리새인들 앞에서 예수를 증거했던 그 사람이 논쟁에서 승리했음을 손을 들어 확인시켜 주는 마지막 단언이었다.

이 실화는 예수님을 만나 변화된 인생이 뿜어내는 힘이 얼마나 놀라운 능력을 갖게 되었는지를 보여 주는 단적인 예다. 그들에게는 이 세상을 변화시키는 대리인으로서의 능력이 그 즉시 부여된다. 전통적으로 교회는 이들을 보호하겠다는 명목으로 이 귀한 회심자들을 세상으로부터 분리시키기에 급급했다. 예수께서는 오히려 이 세상이야말로 변화를 받은 대리인의 강력한 힘으로부터 보호받아야 할 만한 상황임을 보여 주신다. 회심자들을 세상으로부터 숨겨 놓게 되면, 그들과 연결되어 있는 잃어버린 영혼들, 곧 회심자들의 변화된 삶의 모습을 통해 그리스도의 능력을 보고 예수의 사람이 될 수 있는 가장 좋은 전도 대상자들과의 관계가 완전히 두절되어 버린다. 또한 이는 세상을 향해 우리는 방어하는 사람들밖에 안 된다는 것을 보여 주는 셈이 되고, 또 사람들을 그저 숨겨 둠으로써 엄청난 전도의 힘을 수동적인 방어자로 썩혀 버리게 만든다. 우리가 회심자들을 보호한다는 명목으로 세상으로부터 숨겨 두기에 급급하다면, 세상 사람들이 우리가 전하는 말에 굳이 귀를 기울이려고 하겠는가? 우리가 그들을 세상에 드러내기까지 세상은 우리의 말에 결코 귀기울이지 않을 것이다.

새로운 회심자를 세상으로부터 숨겨 놓는 것이 오히려 방해거리가 되는 또 다른 이유는 회심자들의 믿음의 성장을 더디게 한다는 것이다. 우리는 연약한 그들을 늑대들로부터 분리시켜야 제대로 돕는 것이라 생각하지만, 예수님은 그렇게 행동하지 않으셨다. 오히려 "마치 늑대들 가운데 양을 보내는 것과 같이 너희를 보낸다(마 10:16)"며 파송하셨다. 이 내용을 잘 살펴보면서 우리는 눈을 뜬 그 남자가 바리새인들 앞에서 예수를 말하고 증거하는 모습에서 신실하고 강한 믿음으로 성장했음을 볼 수 있었다. 믿지 않는 사람들과 함께 이야기를 나누는 것이 신학을 깨닫는 가장 좋은 방법이다. 그들을 통해 과연 내가 진실로 믿는 것이 무엇인지 도전받기 때문이다. 그리하여 이러한 과정 속에서 자신의 믿음은 성장하게 된다. 여러분의 목사나 부모, 교수의 믿음이 아니라 당신 자신의 믿음 말이다.

한때는 공산주의의 최고 훈련가였다가 훗날 가톨릭으로 개종한 더글라스 하이드가 쓴 『헌신과 지도력』이란 책이 있다. 그는 이 책에서 공산주의로 전향한 사람들을 강화시키는 최선의 방법은 그들의 손에 공산주의 선전 책자를 쥐어 주고 길거리로 혼자 보내는 것이라고 설명한다. 반대자들의 공격을 받을 때면 자기도 모르게 공산주의 사상을 위해 싸우는 자신의 모습을 발견하게 되고, 점차 그의 마음은 확신으로 단단히 굳어지는 것이다. 마치 앞서 보았던 눈을 뜬 소경처럼 말이다.

바로 이런 이유 때문에 몰몬교에서는 청년들에게 일 년간 집집마다 찾아다니며 몰몬교를 전파하도록 못 박아 둔 것 같다. 나는 우리의 젊은 회심자들을 그저 품에 안고 보호하려는 것은 그들을 성장하도록 돕는다기보다 오히려 성장할 기회를 박탈하는 셈이 된다고 확신한다.

우리에게 필요한 것은 남자, 여자, 어린이 할 것 없이 이렇게 당당히 외칠 수 있는 군병들이 되는 것이다. "한 가지 분명한 것은 내가 한때는 앞을 보지 못했지만, 이제는 볼 수 있다는 것입니다." "과거에 저는 알코올 중독자였지만 이제는 자유를 얻었습니다." "나는 KKK에서 활동하면서 분노와 증오에 사로잡혔던 사람이지만, 이제 사랑을 배웠습니다." "나는 창녀였지만, 이제 정결한 사람이 되었습니다." 이러한 고백이야말로 복음의 실체와 진실성을 보여 주는 가장 설득력 있는 말이 될 것이다. 이러한 생명력이 없으면 어느 누구도 복음을 귀에 담지 않을 것이다.

이것이 바로 교회가 보여 주어야 할 힘이다. 이 세상을 그리스도께로 인도하는 것은 우리의 이성적인 논쟁도 아니요, 웅장한 건물도 아니며, 화려한 TV 방송이나 강한 카리스마도 아니다. 잃어버린 자들을 찾아 그들의 영혼을 구하기 위해 하늘에서 오신 그리스도의 능력으로 완전히 변화된 자신의 삶을 나누는 짤막한 간증 하나로 세상이 도전해 오는 모든 변론을 무마시킬 수 있다.

어떠한 상황을 변화시키고자 한다면, 바로 이러한 방법으로 시작해야 한다. 변화된 한 사람이 다른 사람들에게 자신의 삶을 이야기함으로써 시작되는 것이다. "여기 정말 놀라운 일이 있어. 너는 그분이 어디서 오셨는지 모르겠지만, 그분이 나의 눈을 뜨게 하셨단다." 단지 한 사람에게서 시작하지만, 그 힘은 금세 다른 사람에게까지 퍼져 간다.

새로운 증거자들이 더 많아지는 것은 주님의 계획 가운데 한 부분이었다. 하지만 이것 하나로는 충분하지 않다. 열정적인 간증을 품은 이들이 새로운 믿음의 사람들을 좀 더 배가시킬 수 있는 측면에서 다시금 살펴보아야 한다.

놀라운 배가의 능력

월터 헨드릭슨은 『제자는 태어나는 것이 아니라 만들어진다』라는 책에서, 시카고의 과학·산업 박물관에 전시된 모형물 가운데 하나를 설명했다. 거기에는 장기판이 놓여 있는데, 첫 번째 칸에는 쌀 한 톨이 놓여 있고, 두 번째 칸에는 두 톨, 세 번째 칸에는 네 톨 그리고 이어서 8톨, 16톨, 32톨, 64톨, 128톨…… 이런 식으로 계속 놓여져 있다. 그리고 이 장기판 아래에는 그 위에서 흘러내린 쌀이 한 더미를 이루는 모습으로 만들어져 있다. 이 전시물 위에는 이런 질문이 적혀 있다. "이렇게 한 칸당 두 배씩의 비율로 쌀알을 놓아간다면 64번째 칸에서는 쌀이 몇 톨이나 될까?" 해답을 알고 싶다면 여러분 앞에 있는 계기판의 단추를 눌러 보라. 그러면 장기판 위에 있는 스크린에 답이 뜨게 된다. "24미터 정도의 높이로 인도 대륙 전체를 덮을 만큼이다! 세계 인류 전체가 1000년 동안 거둬들일 수 있는 양보다도 더 많은 1530억 톤의 쌀이 된다."

헨드릭슨은 이렇게 결론을 맺는다.

> 예수 그리스도의 교회가 대사명을 완수하는 데 우위를 유지하지 못하는 이유는 교회 성장은 조금씩 증가하는 데 비해, 세계 인구는 급속도로 배가하기 때문이다. 증

가는 배가를 결코 따라잡지 못한다.

자신의 아들들에게 두 가지 선택권을 제시한 아버지의 이야기를 들은 적이 있을 것이다. 52주 동안 1달러씩 받거나, 또는 첫 주에 1센트를 받고 그 다음 주에는 두 배인 2센트를 받는 식으로 52주를 받는 것 가운데 선택하는 것이었다. 한 명은 1달러씩 받는 쪽을 택했고, 다른 한 명은 후자를 선택했다. 누가 이겼는지는 다들 알고 있을 것이다. 1달러씩 받았던 아들은 1년 동안 겨우 52달러를 받는 데 불과했지만, 다른 하나는 1년이 지나자 나라 전체의 빚을 다 갚고도 남아서 자신을 위해 충분히 쓸 만큼의 액수를 받게 되었다! 아마 돈이 상당히 많은 아버지였나보다!

처음에는 배가가 증가보다 더뎌 보이지만, 가파른 언덕길을 내려가는 자동차처럼 점차 가속도가 붙게 된다. 처음에는 1센트, 2센트로 시작하지만 이내 수백만, 수십억에 이르고, 얼마 지나지 않아 수조가 된다.

이를 자세히 설명하기 위해, 크리스천 슈바르츠와 크리스토프 샤크의 공저인 『자연적 교회 성장 실행 지침서』(도서출판 NCD, 2001)에서 다음과 같은 예를 들고 있다.

면적이 총 6~7평방km가 되는 연못 속에 자라나는 수련이 있다고 상상해 보자. 그리고 수련에 달린 잎사귀는 평방 38cm 정도가 된다. 연초에는 정확히 1개의 잎사귀가 달려 있다. 그리고 한 주가 지나자 2개의 잎사귀가 생겨난다. 그리고 그 다음 주에는 4개가 생긴다. 이런 식으로 16주가 지나면 연못의 반은 온통 수련 잎사귀로 뒤덮히게 된다.

그리고 계속해서 다른 질문을 던진다. "그렇다면 나머지 반 쪽도 다 뒤덮히

기까지는 며칠이나 걸릴 것인가? 다시 16주가 필요할까? 아니다. 단 1주만 지나면 연못은 완전히 수련으로 뒤덮힐 것이다."

배가하기 위해서는 희생이 필요하다. 그리고 첫 시작 단계는 증가보다는 훨씬 더뎌 보인다. 하지만 좀 더 장기적으로 보면 배가야말로 우리 세대 안에 지상최대사명을 이룰 수 있는 유일한 방법이다.

성장이 아니라, 환경을 조성해 준다

어떻게 하면 인생을 변화시키는 자연스러운 성장과 배가를 이룰 수 있을까? 우리는 할 수 없다. 예수께서 제자들에게 하신 비유를 보면 우리는 결코 성장하도록 만들 수 없고 단지 성장을 가능케 하는 요소가 무엇인지 소개하는 것뿐임을 명백히 알 수 있다.

> "하나님 나라는 사람이 씨를 땅에 뿌림과 같으니 저가 밤낮 자고 깨고 하는 중에 씨가 나서 자라되 그 어떻게 된 것을 알지 못하느니라 땅이 스스로 열매를 맺되 처음에는 싹이요 다음에는 이삭이요 그 다음에는 이삭에 충실한 곡식이라 열매가 익으면 곧 낫을 대나니 이는 추수 때가 이르렀음이니라"(막 4:26~29).

예수께서는 농부가 곡식이 언제 성장하는지 알지 못한다고 하신다. 오늘날과 같이 강력한 현미경과 화학 기술자를 갖춘 발전된 과학 사회에서도 식물의 성장 원인은 아직 밝혀내지 못하고 있다. 다만 성장하기 위해 필요한 요소가 무엇인지 알고 있을 뿐, 그 다음은 1세기 무렵의 농부가 하는 일과 다를 바 없다. 생명의 힘이 무엇인지 설명하고 그 여건을 갖추어 주는 것뿐이지, 우리 스스로 생명을 창조해 낼 수는 없다. 가냘픈 식물체가 자라나는 과정은 설명할 수 있어도, 예수님의 비유에 나오는 농부와 같이 어떻게 그렇게 되는지에 대해서는 깜깜하다. 하지만 씨를 심고 물을 주고 계속 지켜봐야 한다는 사실은 알고 있다.

이렇게 우리의 무지에도 불구하고, 성경은 아주 간단히 이에 답변하고 있다. 앞에서 살펴본 비유에서, 예수께서는 제대로 올바른 요소만 갖추면 식물은 '스스로' 자라난다고 말씀하신다. 바울이 쓴 고린도전서 3장 6~7절을 보면 "나는 심었고 아볼로는 물을 주었으되 오직 하나님은 자라나게 하셨나니 그런즉 심는 이나 물 주는 이는 아무것도 아니로되 오직 자라나게 하시는 하나님뿐이니라"고 했고, 또 시편 저자의 글을 보면, "저(여호와)가 가축을 위한 풀과 사람의 소용을 위한 채소를 자라게 하시며 땅에서 식물이 나게 하시고"(시 104:14)라고 말했다.

우리가 대답할 수 있는 진정한 질문은 "우리가 사는 지역 사회 안에 자연스럽게 제자 배가가 일어날 수 있도록 어떠한 여건을 조성해 주어야 할까"다. 대답은 바로 땅에 씨앗을 심는 것이다. 풍성한 열매는 좋은 땅에 뿌려진 좋은 씨앗에서 시작된다. 하나님은 모든 살아 있는 물체가 성장하고 재생산할 수 있도록 창조하셨다. 교회 안에 이러한 성장이 일어나도록 필요한 모든 것은 이미 준비되었고, 다만 하나님이 만드신 자연적인 성장 요소들을 풀어서 제자리를 잡도록 하는 것만 남아 있다.

요한복음 6장을 보면, 예수께서 도저히 실현 불가능해 보이는 일로 제자들을 시험하셨다. 갈릴리 바다 근처 외딴 지역에서 5000명이 족히 넘는 배고픈 무리들을 먹이라고 말씀하신 것이다. 가진 거라곤 겨우 200데나리온(1데나리온은 하루 품삯 정도의 금액)뿐, 그들은 예수님의 기대를 채울 수 없다는 실망만을 안은 채 빈 손으로 주님께 되돌아왔다. 다만 안드레만이 겨자씨만한 믿음을 가지고 어떤 이의 점심 도시락을 싸들고 왔다. 안드레는 "여기 보리빵 다섯 개와 생선 두 마리를 가져온 아이가 있는데요. 하지만 이걸로 이 많은 사람을 어떻게 다 먹이겠습니까"라고 말했다. 안드레 눈에는 줄잡아 남자만 5000명이 넘고 여자와 아이들은 그보다도 더 많은, 빽빽한 군중들의 모습을 보고, 초등학생 점심 도시락을 주님께 가져다드리면서 체념한 듯 한숨을 쉬며 "이걸로 이 많은 사람들을 다 어떻게 먹이겠습니까"라고 말했던 것이다. 비록 어린아이의 사소한 점심 도시락 이야기였지만, 그는 자신의 아주 작은 믿음을 보여 드렸다. 그런데 예수께서는 실망하지 않으시고 안드레가 가져온 납작한 보리 빵 다섯 개와 생선 두 마리를 들어 축사하신 후, 빵과 고기를 뜯어 군중들에게 나누어 주게 하셨다. 어떻게 되었는가? 예수님의 손에서 떠난 음식은 군중들의 손에 닿아도 줄어들기는 커녕 배가 되었고, 결국 모든 사람들을 다 먹이고도 12바구니 가득 남게 되었다.

이 세상의 잃어버린 사람은 수없이 많다. 하지만 서구 사회에 존재하는 교회들의 수는 그리 많지 않다. 우리는 우리 손에 있는 작은 믿음이라도 가지고 예수께로 가서 "이거 얼마 되지도 않고 충분하지도 않지만, 그래도 주님께 드립니다"라고 말씀드려야 한다. 주님 손에 있지 않으면 이 세상의 굶주린 영혼들을 결코 다 채울 수가 없다.

내 사무실 벽에는 그림 하나가 걸려 있다. 이 그림은 아름다운 미술 작품일 뿐 아니라 언제나 나에게 도전을 주는 특별한 것이다. 이것은 롱 비치에 위치한 캘리포니아 주립 대학의 예술 대학 삽화과에서 과장으로 일했던 리차드 오덴 교수의 그림이다. 그 그림의 소재는 보리빵 다섯 개와 물고기 두 마리로, 무릎을 꿇은 어떤 사람이 두 팔을 주님께 향하는 모습을 형상화하고 있다. 그리고 그림 아래에는 손으로 쓴 글씨가 적혀 있다. "'여기 보리빵 다섯 개와 물고기 두 마리를 가진 아이가 있습니다. 하지만 이것으로 어떻게 이 많은 이들을 먹이겠습니까?' 닐과 다나에게, 딕 오덴 드림. 1084년 6월 4일."

딕 교수님의 지도 아래 롱 비치 캘리포니아 주립 대학에서 미술을 공부하던 시절, 나는 그리스도를 구주로 영접했다. 그리고 몇 년 후 나는 사역자로 부르심을 받고, 미술을 직업으로 삼는 것을 포기하게 되었다. 딕 교수님이 비록 그리스도인은 아니셨지만 나의 삶이 어떻게 인도되어 가는지 이해하는 눈치였고, 때론 당황스럽긴 해도 목사님들의 이야기를 들으면서 이 성경구절이 나의 삶 전체를 함축하는 말씀이라고 판단하신 것이다. 그래서 교수님은 이 그림을 그려서, 결혼식 날 우리에게 선물해 주셨다.

딕 교수님은 내가 군중들을 먹이기 위해 아주 적은 것을 주님께 바치는 작은 아이라고 생각했지만, 예수님의 손 안에서는 내가 드리는 것으로도 충분했다. 예수께서 우리의 삶을 배가하기로 선택하시면 이 세상 전체에 복음을 전파하실 수 있다. 하지만 그러기 위해서는 겨자씨만한 믿음이 필요하고 우리가 가진 모든 것을 내어 드리는 자기 포기가 필요하다.

예수께서는 지금도 여전히 제자들의 믿음을 시험하고 계신다. 우리 손에 주어진 임무를 수행하기에는 가진 것이 턱없이 모자라는 것을 보면서, 주님께 몸을 돌려 "많은 것은 아니지만, 여기 있습니다. 제 생명을 받아 주세요"라고 고백하기를 원하신다고 나는 믿는다. 그리스도의 손 안에 우리 자신을 드리지 않으면 보잘것없는 점심 도시락에 머물고 만다. 하지만 그분의 손 안에 있으면, 군중들의 마음을 만족시키는 배가의 역사를 보게 될 것이다.

|제3장|
다음 주자에게 바통을 넘겨주는 원칙

누군가 이런 말을 했다. "마지막 말은 영원히 지속된다." 우리가 생명의 마지막 순간, 가족들과 나누는 말은 가장 중요한 의미를 가진다. 만일 당신의 삶이 며칠 남지 않았음을 알았다면, 그 시간을 어떻게 보낼 것인가? 텔레비전을 보겠는가? 소설을 읽을 것인가? 몸을 예쁘게 태워 보려고 태양 아래 누워 있을 것인가? 근처 쇼핑 센터에 물건이나 사러 갈 것인가? 과연 그럴 사람이 얼마나 있을까? 분명 가장 중요한 사람들과 함께 시간을 보내려 할 것이다. 결코 "날씨가 어떻니, 이번 플레이 오프 때 그 지역 야구팀이 이겼니, 졌니" 하는 사소한 이야기를 끄집어내지는 않을 것이다. 대부분 기억에 남을 만한 의미심장한 말로 이야기를 나누려 할 것이다. 인생의 마지막 순간이기 때문이다.

이전에 암으로 죽은 짐이라는 친구가 있었다. 나는 그의 마지막 투병 생활 중에 찾아가 함께 시간을 보냈다. 그는 자기 집에 머물고 있었다. 방문을 열고

들어가는 순간 가장 먼저 느낀 것은 죽음의 냄새였다. 벌벌 떠는 가엾은 짐승을 노려보며 주변을 휘휘 도는 독수리처럼 방 안 가득 죽음의 때를 엿보는 기운이 역력했다. 방 안에는 조그만 전구가 반짝거리는 기계가 놓여 있었는데 때때로 삑삑거리는 소리가 났다. 이 기계는 친구가 암의 고통을 견딜 수 있도록 도와줄 목적으로 만들어진 것이지만, 이미 암은 그의 온몸에 퍼진 상태였다. 나는 할 말을 잃었고 내가 해 줄 수 있는 최대한의 몇 마디만을 건넬 수 있었다. 짐을 위로하러 간 사람은 나였지만, 놀랍게도 짐이 나를 위로해 주었다. 잠시 몇 마디 이야기를 나눈 뒤, 나는 떠날 준비를 했다. 그때 짐은 "이봐, 닐! 너에게 해 줄 정말 중요한 말이 있는데, 지금은 할 수 없고, 내일 말해 주어야 될 것 같아." 나는 다음 날 아침 오겠노라는 말을 남기고 집을 나섰다. 하지만 그날 밤 짐은 숨을 거두었다. 지금까지도 과연 그가 나에게 하고 싶었던 말이 무엇이었는지 궁금하다. 언젠가는 그가 나에게 말해 줄 날이 오겠지만, 우리가 다시 만날 그날에는 이미 그리 중요한 말이 아니리라 생각된다.

바울이 마지막으로 남긴 말이 과연 무엇이었는지 의문의 사건으로 남아 있지 않다는 것은 우리들 모두에게 천만 다행한 일이다. 디모데후서는 바울이 남긴 마지막 유언장이다. 지하 감옥에서 죽음의 순서를 기다리던 마지막 순간에 쓴 그 유언장 위에, 바울은 자신의 수제자이자 후배인 디모데에게 가장 긴급하게 하고픈 말을 전달했다. 여러분도 충분히 짐작할 수 있겠지만, 이 글은 아주 개인적이면서도 열정이 담긴 편지다. 자신의 지나온 나날을 뒤돌아보며, 바울은 스스로에게 "이 세상에서 길이 남을 수 있는 나의 영향력은 무엇인가"라고 질문한다. 그의 편지에서, 바울은 디모데에게 자신이 죽은 다음에도 위대한 복음의 사역을 지속하도록 그 책임을 위임하고 있다. 여기 디모데후서를 통해서 우리는 바울이 넘겨주고자 했던 제자와의 관계에 대한 원칙을 찾아볼 수 있다. 우리 세대 동안에만 사람들의 삶이 변화되고 사역이 배가되는 것이 아니라, 우리의 다음 세대에까지 그 영향력이 흘러가도록 하기 위해서 반드시 필요한 요소가 무엇인지 볼 수 있다.

디모데후서 2장으로 넘어가면 바울은 제자와 지도자들을 배가시키는 것이 교회의 힘과 미래를 위해서 참으로 중요하다는 사실을 설명한다. "내 아들아 그러므로 네가 그리스도 예수 안에 있는 은혜 속에서 강하고 또 네가 많은 증인 앞에서 내게 들은 바를 충성된 사람들에게 부탁하라 저희가 또 다른 사람들을 가르칠 수 있으리라"(딤후 1:1~2).

나는 이 구절을 관찰하면서 세 가지 정도의 원칙을 도출했다. 이 세 가지는 교회를 강하고 성장하게 해 주며, 제자 배가에 대한 동기를 주고 이를 쉽게 해 주는 요소다. 그런 다음 디모데후서의 다음 장들을 살펴보면서 그러한 교회 성장의 과정을 시작하기에 가장 적합한 사람들은 누구인지 그리고 삶이 변화되기 위해 제시되어야 할 가장 핵심적인 가르침은 무엇인지 살펴볼 것이다. 그런 후, 이러한 원칙들이 제대로 적용될 수 있는 가장 좋은 환경이 무엇인지 알아봄으로써, 삶이 변화되고 제자가 배가될 수 있도록 주변을 조성해 가는 법을 배울 것이다. 마지막으로는, 하나님이 아주 평범해 보이는 교회 안에서 어떻게 삶을 변화시키시고, 제자 배가를 시작하셨는지 그 예를 찾아보면서 이 장을 마무리하도록 하겠다.

교회의 힘을 강화시키는 법: 강력한 제자가 강력한 교회를 만들고, 성장하는 제자가 성장하는 교회를 만든다

배가 현상이 지속되어 갈 수 있도록 하는 첫 번째 원칙은 먼저 여러분 자신을 강력한 제자로 만드는 것이다. 이는 그리스도 안에서 당신이 무엇을 행하느냐가 아닌 어떠한 존재인가에서 시작한다. E. M. 바운즈는 그의 책에서 "인간은 더 나은 방법을 찾으려 하지만 하나님은 더 나은 사람을 찾고자 하신다"라고 썼다.

그리스도께서는 빈약하고 우둔한 그리스도인을 배가시키려고 하지 않으신다. 이것은 오히려 일을 악화시킬 뿐이다. 그는 강력한 제자를 배가시키고자 하신다. 바울이 디모데에게 먼저 "네가 그리스도 예수 안에 있는 은혜 속에서 강하라"고 말한 이유가 그것이다. 우리가 열매가 풍성한 제자가 될 수 있도록 힘을 얻는 것은 그리스도의 은혜 안에서만 가능하다. 또한 우리가 다른 이들을 제자로 삼고 배가시키는 데 있어서도 그들에게 전해 줄 수 있는 것이 은혜다. 은혜를 우리에게 주신 것은 우리도 다른 이들에게 전해 주기 위함이다. 그의 은혜가 우리 삶을 더욱 변화시킬수록, 우리 주변 사람들의 삶도 더욱 영향을 받을 것이다. 예전에 척 콜슨이 했던 말이 생각난다. "당신이 없는 것을 남에게 전해 줄 수는 없다."

강력한 교회로부터 강력한 제자가 시작되고, 그를 통해 더욱 강력한 제자들이 만들어지며, 또한 그들로 인해 더욱더 강력한 제자가 만들어진다. 주님께서 항상 교회들에게 바라셨던 모습이 바로 이것이다. 바울은 힘 있는 그리스도인이란 재생산력이 있는 그리스도인이라고 강조했다. 따라서, 강력한 교회란 재생산할 수 있는 교회다.

제자가 배가되는 가운데 힘이 생겨난다. 사실 배가에는 엄청난 힘이 잠재되어 있다. 원자 폭탄의 폭발을 가능케 하는 것이 배가의 원칙이다. 몇 명 되지 않는 소수의 제자들이 역사상 가장 강력했던 세계 제일의 로마 제국을 이겨 낼 수 있었던 것도 바로 제자 배가의 원칙이 있었기 때문이다. 오늘날, 우리가 교회의 한 구성원이 될 수 있는 것은 이전 세대의 그리스도인들이 자신에게 주어진 대사명을 성실히 수행하고 그 다음 세대에게 믿음을 물려주었기 때문이다.

이 사실로 인해 교회는 활기 있고 강력하게 설 수 있다. 또한 교회가 영원토록 지속될 수 있는 힘이 된다. 주께서 주신 대지상명령은 모든 그리스도인들에게 주신 것이지, 특별히 전문적인 그리스도인 지도자들에게만 주신 것이 아니다. 모든 그리스도인들에게 주어진 대사명의 임무를 박탈하게 된다면, 교회 전체가 흔들리게 되며 결국 더 이상 존재할 수 없게 될 것이다. 하지만 모든 그리스도인들이 대사명의 임무를 감당한다면 곧 교회는 건강해지고 생기가 넘치며 영원토록 지속될 것이다. 캘리포니아 주 남부 오렌지 카운티의 새들백 커뮤니티 교회를 담임하는 릭 워렌 목사는 "교회의 힘이란 예배당을 채우는 능력이 아니라, 사람들을 파송하는 능력에서 결정된다"고 말했다.

진정한 교회 성장의 활력소: 채찍보다는 당근이 더 좋은 효과를 거둔다

제자 배가의 두 번째 원칙은 우리가 가진 동기가 무엇인가와 관계가 있다. 모두들 "말을 물가로 끌어갈 수는 있지만, 물을 마시게 할 수는 없다"는 말은 들어봤을 것이다. 말을 움직이도록 하기 위해 재갈이나 고삐, 채찍을 사용할 수도 있겠지만, 역시 속담 그대로 '막대기 끝에 매달린 당근'이 제격이다. 채찍과 당근 모두 말이 움직이도록 자극하는 역할을 한다. 채찍은 말의 몸통 뒷 부분을 철썩 때려서 달리도록 하는 데 사용된다. 달리는 말을 다시 천천히 걷도록 하려면 역시 채찍으로 찰싹 쳐 주기만 하면 된다. 아마 사람에게도 잘 통할 수 있겠지만, 이 방법은 쓰지 않는 것이 좋다. 당근은 말이 그 먹음직한 모습을 놓치지 않을 때까지 달리게 만들 수 있는 반면, 채찍은 오로지 말을 타는 사람이 위에서 계속 압박을 가하는 동안에만 효과가 있을 뿐이다. 말이 마굿간으로 들어가다가 벽에 걸려 있는 채찍을 본다고 해도, 당장에 움직이거나 달리는 일은 없을 것이다. 하지만 마굿간 바닥 한 구석에 놓여 있는 당근을 보게 된다면, 곧바로 달려가 한 입에 삼킬 것이다. 한 가지는 외부의 압력으로 움직이게 만드는 반면, 또 다른 한 가지는 말의 내적인 욕구를 건드린다. 만약 말에게 억지로 물을 마시게 할 수 없다면, 사료에 소금을 뿌리면 된다. 당장에 갈증을 느끼고 마실 물을 찾아다닐 것이다.

그리스도를 따르고, 제자들을 재생산하도록 만드는 동기의 유발도 역시 외적인 것이 아닌 내적인 것이어야 한다. 바울은 곧 사라질 자신의 운명을 알았기에 열정을 다해 디모데에게 간곡히 요청하고 있다. 디모데는 이제 자신에게 도전을 주던 바울과 더 이상 함께할 수 없는 것이다. 제자를 만드는 일이 안에서 나오는 열정이 아니라면, 점차 모든 과정은 실패로 돌아가고 더 이상 임무 수행은 불가능해진다. 제자를 삼는 재생산의 모든 과정은 자발적인 동기로 추진된다.

잠언 16장 26절에 "노력하는 자는 식욕을 인하여 애쓰나니 이는 그 입이 자기를 독촉함이니라"는 말씀이 있다. 나는 내 자신이 무언가를 먹게 하기 위해 자극할 필요가 없다. 배고픔이 나 대신 그 일을 해 준다. 우리들 대부분은 굳이 먹도록 자극하는 외적인 동기가 필요하지 않다. 오히려 먹지 못하도록 하기 위해 필요한 경우는 있어도 말이다. 음식 산업이 번창하는 이유는 우리 안에 음식을 향해 달려드는 내적 욕구가 있기 때문이다. 반면, 우리가 먹지 않도록 동기를 유발하는 사업이 있는데 바로 다이어트 산업이다. 여러분들은 이 두 가지 산업이 서로 경쟁 관계라고 생각하겠지만, 실은 다이어트 산업이 아무리 애를 써도 식품 산업을 따라잡을 수는 없다. 식품 산업은 우리의 내적 동기를 자극하지만 다이어트 식품은 외적인 자극을 사용하기 때문에 결코 식품 산업을 능가할 수는 없는 것이다.

바울은 디모데가 어떤 역경이나 방해물 앞에서도 물러서지 않도록 그의 내적인 동기에 호소하고 있다. 그는 여러 가지 설명과 훈계를 곁들이며 우리가 반드시 갖추어야 할 내적 동기를 보여 주는데, 이는 고통스런 역경에 직면할 때에라도 견딜 수 있는 강력한 힘이 된다. 바울이 이 짧은 구절 안에서 강조하고 있는 여섯 가지의 주요 요소들을 살펴보자. 그리스도인의 삶에 꼭 필요한 세 가지의 자연적 동기와 세 가지의 영적인 동기를 인용하고 있다.

자연적 동기

첫째, 자신이 섬기는 사람들을 위해 영광을 돌리고 싶은 욕구
바울은 이렇게 말한다. "너는 그리스도 예수의 좋은 병사로 나와 함께 고난을 받으라 병사로 복무하는 자는 자기 생활에 얽매이는 자가 하나도 없나니 이는 병사로 모집한 자를 기쁘게 하려 함이라"(딤후 2:3~4).

둘째, 우리의 할 수 있는 한 최고가 되고 싶은 욕구
바울은 이러한 동기에 대해서 다음과 같이 설명하고 있다. "경기하는 자가 법대로 경기하지 아니하면 면류관을 얻지 못할 것이며"(딤후 2:5; 4:6~8).

셋째, 우리가 수고한 결과로부터 이득을 얻고 싶은 욕구
바울은 이렇게 말한다. "수고하는 농부가 곡식을 먼저 받는 것이 마땅하니라"(딤후 2:6).

영적인 동기

넷째, 우리 죄를 위해 희생하신 예수그리스도의 사랑으로 행동
바울은 이렇게 부탁하고 있다. "나의 복음과 같이 다윗의 씨로 죽은 자 가운데서 다시 살으신 예수 그리스도를 기억하라 복음을 인하여 내가 죄인과 같이 매이는 데까지 고난을 받았으나 하나님의 말씀은 매이지 아니하니라"(딤후 2:8~9).

다섯째, 이 세상에서 그리스도 없이 지옥으로 향하고 있는, 방황하고 죽어 가는 영혼에 대한 긍휼한 마음

바울은 자신의 동기를 다음과 같이 설명하고 있다. "그러므로 내가 택하신 자를 위하여 모든 것을 참음은 저희도 그리스도 예수 안에 있는 구원을 영원한 영광과 함께 얻게 하려 함이로라"(딤후 2:10).

여섯째, 하나님의 성품에 의거한 영적인 감동
바울은 시적인 표현을 써서 신실한 하나님의 성품을 우리에게 일깨워 준다. "미쁘다 이 말이여 우리가 주와 함께 죽었으면 또한 함께 살 것이요 참으면 또한 함께 왕노릇할 것이요 우리가 주를 부인하면 주도 우리를 부인하실 것이라 우리는 미쁨이 없을지라도 주는 일향 미쁘시니 자기를 부인하실 수 없으시리라"(딤후 2:11~13).

이러한 동기들은 내적인 욕구다. 더 큰 목적을 잡으려는 열망으로 순간의 기쁨은 뒤로 미뤄놓도록 한다. 바울은 디모데에게 교회 안에 이러한 것들을 상기시키라고 조언한다(딤후 2:14). 이를 통해 그리스도를 향한 감중이 일어나고, 대적하는 세력 앞에서도 당당히 맞설 수 있는 힘이 생기는 것이다(딤후 2:3, 9).

효과적인 제자 훈련과 제자 배가를 할 수 있는 열쇠는 그들의 내적 동기를 건드리는 것이다. 제자화를 시도하는 여러 방법들이 많지만 단지 외적인 동기를 만드는 데에 주력할 뿐, 그 힘은 무척 빈약하다. 우리는 사람들에게 '계약서'(혹은 좀 더 영적으로 보이게 하려고 '언약서'라고 부르기도 한다)에 서명을 하고 제자화의 의무를 다하겠노라 맹세하도록 한다. 또는 오늘날 많은 이들이 장려하는 것처럼, 모임 때마다 텅 빈 의자 하나를 놓고서 다른 사람들에게 다가가야 한다는 사실을 상기시키는 방법을 쓰기도 한다. 그 의자들이 정말로 다 채워졌더라면 모든 교회들이 부흥의 물결에 빠졌을지도 모르겠다. 솔직히 그 의자를 채우기 위해 복음을 나눈 사람이 우리 중 몇 명이나 될까? 우리 자신의 동기는 천국의 자리를 채우기 위해 복음을 전하는 것과는 사실 거리가 멀다. 표현이 지나쳤다면 용서해 주시길 바란다. 하지만 빈 의자를 가지고서는 아무것도 할 수 없다는 말은 진심이다!

예전에 함께 일하던 사장은 우리가 회의에 늦을 때마다 1분당 1달러씩 벌금을 매겼다. 일단 이런 식의 방법에 의존하게 되면, 벌써 싸움에 진 것이나 다름없다. 사람들이 정말로 참석하고 싶은 모임이었다면, 모임을 제시간에 시작하기 위해 지도자가 굳이 그런 비열한 조종을 할 필요는 없는 것이었다. 하지만 벌금을 매기게 되면서부터 오히려 회의에 참석하고 싶은 마음이 싹 사라졌다. 몇 분 늦었다고 벌금을 낼 바에야 변명거리라도 만들어서 아예 참석하지 않으려고 했다.

제자들이 자발적으로 움직일 의사가 없는데도 죄책감이나 의무감 때문에 계속해 나간다면, 위에서 주는 압박감이 사라지자마자 모든 손을 멈추게 될 것이다. 심지어 외부의 압력이 여전히 눈 앞에 있더라도, 그들 안에 열정이 없기 때문에 질적으로 한참 떨어지는 움직임만 겨우 나타날 뿐이다.

기독교의 기초는 새로운 언약, 곧 돌판이 아닌 인간의 마음판에 새겨 놓은 하나님의 법이다(고후 3:1~11). 기독교가 여전히 지속되고 있는 이유는 우리가 다른 종교보다 훨씬 뛰어난 법규를 가지고 있다거나, 위법에 상응하는 처벌이 무거워서도 아니다. 세대를 거듭하여 교회가 지속되는 것은 하나님께서 각 세대들의 마음을 변화시키기 때문이다. 기독교는 하늘에서 내려온 열정의 불이 그 마음 안에 타오르는 데서 시작되었고, 그 불은 이 세상의 어떤 것으로도 결코 사그라지게 할 수 없다. 그러므로 이러한 열정보다 못한 동기를 제시하게 되면, 사람들의 목표 완수를 돕는 것이 아니라, 오히려 망치게 될 것이다. 예수님의 죽음과 부활을 통해 은혜로 부으시는 구원의 기쁜 소식은 사람들의 마음을 변화시키는 불꽃이 되며, 인생을 다 바쳐 순종하고자 하는 동기를 제공해 준다.

성령께서 직접 우리의 마음을 붙잡으셔서 가장 중요한 목표를 향해 우리의 삶을 바치도록 움직여 주시지 않는다면, 사람들을 조종하는 어떠한 방법이나 수단, 설득도 아무런 효과없이 수포로 돌아가게 될 것이다. 이것이야말로 진실된 기독교가 다른 모든 종교의 형태와 구별되는 점이다. 우리 믿음의 가장 핵심이 되는, 영혼의 내적인 변화가 바로 복음이다. 그런데 다른 종교들은 외부적인 동기와 선한 행실을 통해 생명을 얻을 수 있다고 주장한다. 우리 역시 그런 식으로 요구하게 된다면, 오늘날의 다른 거짓 종교들이나 사이비 종교와 다를 것이 전혀 없는 것이다. 왜냐하면 기독교는 우리 중 어느 누구도 자신의 공로로 생명을 얻지 못하며 오직 하늘로부터 오는 도움에 전적으로 의지할 뿐이라는 생각에서 시작되기 때문이다.

만약 당신이 사업을 시작하게 된다면, 자원봉사로 일하는 사람들을 쓰겠는가, 아니면 월급을 받는 사람들을 쓰겠는가, 어느 쪽을 선택할 것인가? 대부분이 자원봉사자쪽보다는 유급 사원을 선택할 것이다. 왜인가? 당신이 원하는 방식대로 일하게 만들기가 더 쉽기 때문이다. 월급뿐 아니라, 거기다 보너스와 특별 수수료, 진급, 장려금까지 줄 수 있다면 그 효과는 더하다. 또 다른 한편으로는, 일을 제대로 완수하지 못할 경우 직장을 잃거나 월급이 삭감될지도 모른다는 위협을 줄 수 있는 것이다. 외부적인 동기가 눈에 보이는 결과를 만들어 내기도 한다.

또는 만일 당신이 전쟁터에서 싸움을 하게 된다면, 대항해서 싸우는 적군으로서 자원한 군인쪽을 택하겠는가, 아니면 보수를 받는 용병쪽을 택하겠는가? 어느 쪽을 선택할 것인가? 나라면 돈을 받는 용병을 선택하겠다. 왜인가? 정신이 제대로 박힌 사람이라면 돈 몇 푼 받자고 총알받이가 되지는 않을 것이다! 수표 몇 장 받기 위해 목숨을 담보로 싸우는 사람은 그리 많지 않다. 전혀 말도 되지 않는 소리다. 목숨을 내놓을 만큼 소중한 보너스가 도대체 무엇인가? 사막의 폭풍 작전 수행 중에 이라크 군인들이 그토록 쉽사리 항복했던 이유가 바로 이것이다. 자신의 열정보다는 순전히 외부의 압력으로 그 임무를 맡았기 때문이다. 하지만 목숨을 다하겠다는 열의를 가진 사람들로 결성된 군대는 무너뜨리기 쉽지 않다. 소련은 이 사실을 아프가니스탄에서 뼈저리게 느꼈다. 뛰어난 화력을 가진 무기도, 목숨보다 소중한 열정을 위해 마음을 바친 사람들과는 상대가 되지 않았다는 것을 발견했기 때문이다.

교회는 사로잡힌 사람들의 영혼을 구하기 위해 전쟁터에서 싸우는 자원 군인이다. '예수 그리스도를 위해 고난도 감내하는 좋은 군인'이 되려는 열망이 있어야 한다. 이것은 온 세계를 뒤집어 엎을 만한 위력을 가진 동기다. 이제 실리만 따지는 사업가의 모습을 벗고, 목숨을 내놓아도 아깝지 않을 싸움을 싸우는 군인의 모습으로 돌아가야 한다.

이러한 제자화의 모습은 다음 세대를 바꿀 것이고, 제자들의 마음 깊은 곳을 사로잡게 될 것이다. 우리가 사용하는 제자화의 방법은 마음 깊은 곳의 열정을 일으키고, 하나님과의 활기찬 관계를 기반으로 한 내적 동기를 건드려 주는 것이어야 한다(롬 2:28~29). 우리가 시도하는 제자화는 인생을 바꾸는 것 외에 다른 목적은 없다. 외적인 행동만 따라 하는 것으로는 충분하지 않다. 우리의 마음이 그리스도를 위한 열정으로 불타게 해야 한다. 우리 자신의 삶이 복음의 능력으로 변화되는 것을 보지 못한다면, 이 세상도 우리가 전한 복음으로 변화되기를 기대할 수 없는 것이다. 복음이 우리에게 있어 자신의 생명보다도 중요한 것이 되지 못하면, 이 세상도 복음에 마음이 끌리지 않을 것이다. 세상의 눈에 우리가 복음을 귀하게 여기지 않는 것으로 보인다면, 과연 그들이 복음을 귀하게 받아들이리라 기대할 수 있겠는가?

과정의 단순화: 바통은 쉽게 넘겨줄 수 있어야 한다

제자 삼는 것과 제자의 배가가 그토록 중요한 것이라면, 모든 사람들이 쉽게 사용할 수 있는 방법을 찾아서 이 세대에서 다음 세대까지 자연스럽게 넘겨줄 수 있도록 해야 한다. 지금까지 사용된 방법들은 대부분 아주 복잡하거나 지도자 의존적이어서 다른 사람들에게 쉽게 전수받을 수 없었고, 그들도 그 다음 세대에 쉽게 전수할 수 없었다. 모든 그리스도인들이 굳이 지도자가 될 필요는 없을지라도 재생산력을 갖춘 제자 양성가는 되어야 한다! 우리가 받은 유산을 길이 물려줄 수 있는 세 번째 원칙은 복음의 순수한 내용을 단순화시키되, 복잡한 방법들로 어지럽히지 않는 것이다.

우리가 지금 올림픽 계주 경기가 벌어지는 운동장에 와 있다고 하자. 그런데 경주자들이 사용해야 할 바통이 알루미늄이 아닌 납덩이라고 상상해 보라. 분명 쳐다보는 사람 입장에서는 흥미진진하겠지만, 이건 제대로 된 경기가 아니다. 우리가 올림픽 경기를 시청하는 것은 경기자들의 집중력과 역량과 기술을 보려는 것이지, 난리 법석을 떠는 코미디를 보기 위해서가 아니다. 만약 그렇다면 경기는 계속될지 모르지만, 분명 바통은 땅바닥에 떨어져 나뒹굴고 있을 것이다.

이것이 바로 최근 우리 교회들이 제자화 훈련을 시도했던 모습이다. 배가의 역사가 일어나지 않은 것은 우리가 건네 준 바통이 너무 무거웠기 때문이다. 제자화의 바통이 너무 복잡하고 방해되는 것들이 잔뜩 달라붙어서, 다음 번 주자에게 건네 주기도 전에 땅바닥에 떨어뜨리고 마는 것이다. 인생을 변화시키는 핵심적인 요소를 잃어버리지 않고 무사히 쉽게 넘겨줄 수 있도록 우리는 그 과정을 단순화시켜야 한다.

내가 대학생이었을 때 배웠던 중요한 교훈이 있다. 그 교훈을 지금도 내가 하는 모든 일에 적용시켜 가고 있는데, 그것은 적은 것이 더 좋은 것이라는 것과 가장 뛰어난 것은 단순한 것이라는 사실이다.

학부모들이 가장 듣고 싶지 않은 말은 "모임에 참석하세요"라는 말이다. 많은 사람들이 경험해 보았을 것이다. 12월 24일 밤 늦게 모여 깨알 같은 글씨로 써 있는 우리가 알지 못하는 3개 국어로 된 설명서를 읽은 후, 아이들에게 선물로 줄 굉장히 복잡한 인형을 만드는 작업을 한다. 이런! 복잡하면 복잡할수록, 작업이 틀어지기 쉽다. 이쯤 되면, '단순한 것이 더 좋은 것이다'라는 말을 이해할 수 있게 된다.

우리는 단순한 것을 하찮은 것이라고 착각하기에 그 가치를 얕보는 경우가 많다. 하지만 단순한 것이 오히려 매우 심오한 경우가 종종 많다. 우리는 심지어 진흙탕 물을 깊은 물과 혼동하기까지 한다. 연못이 흙탕물이라고 해서 무조건 깊은 것을 뜻하지는 않는다. 그와 마찬가지로, 수정같이 맑은 연못은 바닥이 훤히 보이기 때문에 언뜻 얕을 것이라 생각하기 쉽지만, 사실 아주 깊은 경우가 있다. 단순한 것은 결코 하찮은 것이 아니다.

사실, 나는 단순성이 복잡성보다는 한수 위라고 생각한다. 쉬운 것은 보통 단순하기 마련이지만, 단순한 것이 항상 쉬운 것은 아니다. 어떤 것을 단순하게 만드는 데는 각고의 기술과 노력이 필요하다. 무언가 복잡하게 만드는 것은 쉽다. 그저 '아무거나' 갖다 붙이면 되기 때문이다. 그러나 단순하지만 심오한 것을 만들어 내는 것은 창조적인 도전에서 나온다.

전 세계에 100여 개 이상의 교회를 배가시켰던 호프 채플 교회의 창립자, 랄프 무어는 언젠가 책에서 에스키모 부족에게는 총 600개의 단어밖에 없다는 사실을 읽었다고 한다. 그는 혼자서 곰곰이 생각하다가 "그럼, 이 지역 문화에서는 성경 번역을 어떤 식으로 했을까?"하고 자문해 보았다. 아마 모든 사람이 쉽게 이해할 수 있도록 단순하고 단도직입적인 단어로 쓰여졌을 것이다. 오늘날 교회도 기본적인 진리를 그와 같이 단순하게 줄이는 작업을 해야 한다. 하나님께서는 진리의 가장 심오한 부분이 단순하게 전달되기 원하신다. 심지어 600개의 단어를 가진 민족의 언어로도 표현될 수 있을 정도로 단순한 진리 말이다. 물론 이런 상황 속에서 성경을 번역해야 하는 사람들의 어깨는 참으로 무거울 것이다. 그렇지만, 하나님은 이들 에스키모 민족을 사랑하시기에, 그들에게도 사랑과 진리를 전해 주고자 하신다. 지구의 기초가 생겨나기 전부터 하나님은 그들 민족을 아셨고, 하나님의 말씀을 그들의 언어로 번역해 주고자 하셨다. 분명 가능한 일이지만, 한편 큰 도전이기도 하다. 랄프는 다시 이렇게 질문을 던진다. "우리 교회가 그쪽으로 들어가는 것을 계획하면서 에스키모인들의 교회를 한번 상상해 본다. 우리의 다음 사역이나 프로그램 혹은 세미나를 이곳 교회에서 개최하려면 어떻게 그들과 이야기를 나눌 수 있을 것인가?"

예수께서는 "수고하고 무거운 짐진 자들아 다 내게로 오라 내가 너희를 쉬게 하리라 나는 마음이 온유하고 겸손하니 나의 멍에를 메고 내게 배우라 그러면 너희 마음이 쉼을 얻으리니 이는 내 멍에는 쉽고 내 짐은 가벼움이라 하시니라" (마 11:28~30)고 말씀하셨다. 대부분의 제자화 훈련은 참으로 복잡하기에, 더 이상 우리에게 쉽거나 가벼운 짐이 아니다. 하지만 예수께서는 그리스도인의 삶이 참으로 쉽고도 가벼워서 우리의 영혼에 쉼을 가져다줄 수 있도록 하신다. 대지상명령의 성취는 우리에게 쉼을 주는 것이지 스트레스를 왕창 실어 주는 것이 아니다!

단순한 것은 전환하기가 쉽지만, 복잡한 것은 이내 붕괴해 버린다. 언젠가 크리스마스 날에 다섯 살난 딸아이를 위해 큰 선물 상자를 집에 가져온 적이 있다. 그 상자 안에는 어느 유명한 완구회사에서 만든 장난감 집 세트(아이들이 들어가서 놀 수 있는)가 들어 있었다. 이걸 잘 조립할 수 있을지 조마조마한 마음으로 상자를 열었던 것을 지금도 기억한다. 열자마자 발견한 것은 장난감 집의 몸체를 구성하는 것은 조그만 부속품이나 나사와 나사못이 아니라 그냥 커다랗고 튼튼한 플라스틱 조각이었다. 설명서를 읽어 보니 만드는 방법이 놀랄 만큼 간단했다. 어떤 언어로도 쓰여지지 않은 단순한 그림으로 된 설명서였던 것이다!

제일 처음 더듬어 찾았던 것은 집을 조립하는 데 필요한 공구 명단이었지만, 그런 건 아무 데에도 나와 있지 않았다. 그야말로 놀라운 장난감이었다! 이 집은 마치 커다란 입체 퍼즐 조각 세 개를 하나로 철컥 조합시켜 놓은 것 같다는 사실을 발견했다. 아주 간단했다! 첫째 딸 아이가 가지고 놀았던 이후로도 둘째 딸, 막내 아들에 이르기까지 그 집은 튼튼히 건재했다. 몇 군데 색이 바래긴 했지만, 아주 튼튼해서, 아이들이 집 안이 아니라 지붕을 기어올라가도 버텨 낼 만큼 강했다. 물론 나중에는 팔아 버리긴 했지만, 그때까지도 변하거나 흔들거리는 부분 하나 없이 말짱했다. 이 장난감을 제작한 설계자가 누군지 참 인상 깊었다. 그 사람들은 아이들과 부모의 마음을 잘 이해했기에 모든 것을 단순하고, 즐길 수 있으면서도 허물어지지 않도록 신경을 썼던 모양이다.

제자를 삼는 데 있어서도, 그 다음 세대에게 무사히 바통을 넘겨주고 싶다면, 그 전달 과정을 간략하면서도 전환하기 쉽게 바꿔야 한다. 단순성이야말로 이 세대 안에 대사명을 성취할 수 있는 열쇠가 된다. 제자화 과정이 복잡하면, 다음 세대의 제자들에게 넘겨주는 초기 과정에서부터 틀어지고 말 것이다. 과정이 복잡할수록, 그 과정을 지켜 내기 위해 더욱 머리를 굴려야 된다. 하지만 과정이 간편할수록, 더 많은 그리스도인들이 혜택을 받을 수 있다.

나에게 가장 잘 맞는 방법이 바로 K.I.S.S.법이다. 즉 "단순하고 무식하게 만들기"(Keep It Simple Stupid) 방법이다!

바울이 디모데에게 전해 준 진리는 너무도 심오했기 때문에 쉽게 잊을 수 없었다. 이 단순한 진리는 그의 삶을 강하게 붙들었고, 결코 그를 떠나가지 않았다. 또한 동시에 바울이 전해 준 단순한 진리는 디모데가 다른 사람들에게 전달해 주기에도 간편했고, 또 그들이 다른 사람들에게 전할 때에도 무척 손쉬웠다. 복음이란 인류가 받아들일 수 있는 가장 심오한 진리이지만 어린아이라도 쉽게 이해하고 다른 사람들에게 전해 줄 수 있을 만큼 단순해야 한다.

이토록 제자 배가가 자주 일어나지 않는 이유는 아마도 우리가 그 과정 동안, 너무 많은 것을 단숨에 하려고 하기 때문일 것이다. 우리는 제자도라는 것이 전 생애를 다해 그리스도를 따르는 단순한 순종이라는 사실을 제대로 이해하지 못하고 있다. 우리는 첫 해부터 제자들에게 너무 많은 것을 가르치려 든다. 따라서 의도하지는 않았지만, 그들은 복음이란 보통 사람들이 따르기에는 너무 힘겹다는 위협을 느끼게 되어서, 결국 남은 수년을 계속 성장하지 못하고 점점 멈추고 만다. 우리는 자신이 일 년 동안 할 수 있는 것을 너무 과대 평가하고, 또 삼 년 동안 할 수 있는 일은 너무 과소평가하는 경향이 짙다.

제자를 삼는 것과 배가시키는 것은 지도자들을 돌보는 것과는 엄연히 구별된다는 사실을 깨닫는 것이 우리에게 도움이 된다. 앞에서 말했듯이, 모든 그리스도인들은 제자 삼는 자가 되어야 하지만 모든 그리스도인들이 지도자가 될 필요는 없다. 신약성경에서 사용하는 '제자'라는 단어는 배우는 자나 학생을 의미

한다. 제자란 지도자를 따르는 사람이고, 이 경우에 지도자란 예수님을 의미한다. 우리 모두에게 주어진 대사명은 예수님을 모르는 사람들을 일으켜 그리스도를 따르는 제자가 되도록 하는 것이다.

우리는 제자화라는 말을 지도력 개발과 혼용함으로써, 더욱 많은 사람들이 대지상명령에 뛰어드는 기회를 차단하고 만다. 물론 제자 훈련이 좋은 멘토링과 지도력 개발의 기초가 되는 것은 사실이다. 제자 삼는 일이 자연스럽게 일어나도록 허용하고, 훈련 방법을 복잡하게 만들지만 않는다면, 이 일은 더욱 활발하게 일어나게 될 뿐 아니라, 그 가운데에서 지도자로 훈련을 시킬 만한 사람들을 발견할 수 있게 된다. 일단 제자들을 성장시키고 배가시켜 놓은 후, 장차 지도자로서의 성장 가능성이 보이는 사람들을 위한 심화된 멘토링이나 훈련 방법을 세워 나갈 수 있다는 이야기다.

제자 훈련은 단순하지만 심오한 기본적 진리로 되돌아가야 할 필요가 있다. 모든 잡다한 신학과 원칙, 방법들을 동원해서 새로운 그리스도인들을 만들어 보려고 시도할수록, 오히려 그들의 순종하는 모습을 저지하는 셈이 된다. 오늘날 교회들은 순종없는 가르침의 홍수로 심각한 병목 현상을 겪고 있다. 곧, 우리가 받은 교육이 순종의 범위를 훨씬 넘어서고 있다는 것이다. 이는 우리가 아는 것이 많다는 말이 아니라, 알고 있는 기초적인 사실도 전혀 실천하지 않고 있다는 뜻이다. 제자화의 과정과 제자 훈련과 제자 배가의 모든 단계는 반드시 간단해야 한다. 그런 후에야, 든든한 영적 성장의 기초 위에 다른 것들도 계속 쌓아 나갈 수 있다.

우리에게 필요한 것은 실질적이면서도 심오함을 담은 시스템이다. 그러기 위해서는 단순하면서도 깊이가 있어야 한다! 우리의 시스템은 그리스도인의 내적 동기를 건드려 줄 만큼 깊어야 하며, 동시에 이 사람이 그 다음 사람에게 손쉽게 넘겨줄 수 있을 만큼 단순해야 한다. 이러한 시스템은 교회의 힘을 강화시켜 주고, 양적으로나 질적으로 잘 성장하도록 한다.

바울은 빛나는 승리자로서 이 땅을 떠날 수 있었다(딤후 4:7~8). 그가 떠난 후에도 그 일을 맡아서 다음 세대에게 전해 줄 사람이 있었기 때문이었다. 우리 모두 "만일 내가 오늘 죽으면, 내 뒤에 남을 만한 의미 있는 일은 무엇일까"라는 생각을 한번쯤 해 보는 것이 바람직하다. 우리도 바울이 걱정했던 것처럼, 죽음 후에도 지속될 수 있는 영향력이 무엇인지 고민하고, 복음을 다음 세대에 전달해 줄 만한 변화된 제자들에게 자신을 투자하기 시작해야 한다. 여러분의 삶 가운데 디모데는 누구인가? 여러분이 가고 난 뒤 그 일을 계속 수행할 사람이 누구인가? 기독교의 생존 여부는 우리 뒤에 남은 사람들에게 달려 있고, 또한 인생의 변화를 체험한 후, 우리 뒤의 세대에게 복음을 전해 줄 준비가 된 이들에게 달려 있다.

제4장
하나님 나라에 들어갈 후보들
어디에서 시작할 것인가

예수께서는 하나님 나라의 모습에 대한 여러 가지 비유를 이야기해 주셨다. 다른 여러 가지가 있지만, 그중 가장 대표적인 것이 바로 씨 뿌리는 자의 비유다. 이 내용은 4복음서 가운데 세 복음서에 기록되어 있다(마 13:1~32; 눅 8:15; 막 4:20). 예수께서는 우리가 이 비유를 제대로 이해하게 되면 다른 비유들도 잘 이해할 수 있으리라는 것을 시사하셨다(막 4:13). 하나님 나라를 이해하는 데 있어서 기초적인 비유라고 하겠다.

이 비유를 통해 예수께서는 하나님 나라가 어떤 모습으로 확장하는지 설명하신다. 여기에는 네 가지 종류의 흙이 있는데 그중 열매를 맺는 흙은 한 가지뿐이라고 하셨다. 흙은 네 가지 종류의 영혼을 나타낸다. 또한 예수께서는 하나님 나라의 씨앗을 하나님의 말씀이라고 정의하셨다(눅 8:11).

자연적인 성장과 배가를 만들어 내는 생명의 힘은 어떻게 시작되는 걸까? 예수께서는 좋은 흙 위에 좋은 씨가 뿌려져야 한다고 가르치셨다. 이러한 접합점이 잘 이루어질 때, 자연적이고 거침없는 성장을 이뤄 낼 수 있는 생명의 힘이 시작된다. 이러한 성장이 이루어진 뒤 자연스레 나타나는 결과는 재생산이다. 인생을 변화시키는 천국의 씨앗인 하나님 말씀의 역할이 무엇인지 이후에 함께 살펴보게 될 것이다. 이번 장에서는 과연 좋은 흙을 구분하는 방법이 무엇인지 한번 생각해 보자.

예수께서는 좋은 흙이 모든 것을 결정한다는 사실을 가르쳐 주시기 위해 씨 뿌리는 자의 비유를 사용하셨다(막 4:1~8). 생명과 성장, 재생산의 모습을 보기 위해서는 천국의 씨앗을 뿌릴 적절한 영혼을 찾아내는 것이 급선무다.

좋은 흙을 찾는 데에 도움이 될 두 가지의 판단 기준이 있다. 나는 누군가에게 시간과 에너지를 투자하기 전에 먼저 이 방법을 사용해서 그 흙의 좋고 나쁨을 시험해 본다. 물론 이 기준에 좀 모자라더라도 하루 빨리 훈련을 시작할 수도 있겠지만, 예수께서 말씀하셨듯이 그리 꾸준한 열매를 보기는 어려울 것이다. 차라리 단순하되 깊은 의미를 가진 이 기준에 적합한 사람을 찾을 때까지 잠잠히 기다리는 편이 더 나을 것이다.

예수님이 절대적으로 필요한 사람(눅 5:30~32)

오늘날의 제자 훈련 프로그램 대부분은 이미 구원받고 헌신하고 있는 사람이거나, 더 깊이 헌신하고자 하는 사람들을 대상으로 시작된다. 일반적으로는 제자 훈련 과정을 시작할 때에, 가장 많이 헌신하는 사람들을 대상으로 해야 한다고 생각하기 마련이다. 제대로 된 사람들을 주축으로 시작하는 것이 훗날 좋은 성과를 가져온다고 믿는 것이다. 하지만 이러한 의미에서 하나님 나라는 우리의 생각을 완전히 뒤집어 놓는다. 예수께서는 그 어느 누구보다도 구원을 갈망하는 사람들을 데리고 시작하셨던 것이다. 하나님 나라에서는 패배자가 승리

자가 되며, 처음된 자가 나중된다(마 19:30; 막 10:31; 눅 13:30).

실용주의적인 이유에서라도, 뭔가 부족한 것이 많은 사람들은 요구하는 것이 많을 수 있기 때문에 굳이 붙잡으려 하지 않는다. 심지어 그리스도인 지도자들 사이에서는 이런 사람들을 지칭하기 위해 VDP와 ERG라는 비밀스러운 단어들까지 고안해 냈다. VDP는 '정말 진 빠지게 하는 사람들'(Very Draining People)을 그리고 ERG는 '특별한 은혜가 필요한 사람들'(Extra Grace Required People)을 뜻하는 약어다. 우리는 정말로 그런 사람들을 피하고 싶은 심사를 드러내지 않으려고 암호들을 개발해 낸 것인가? 우리 안에 은혜와 긍휼의 마음이 부족한 것이 부끄럽지는 않은가?

지도자는 그런 부류의 사람들에게 시간을 투자하지 말아야 한다고 조언한다. 어차피 그 사람들은 실패한 인생들이기 때문이라는 것이다. 그리고 어찌 보면 그 말도 맞는 것이, 부족한 것이 많은 사람들은 여러분들을 쉽게 지치게 하기 때문이다. 단, 그들이 성장하지 않고 제자리에 머무는 경우와 사역 자체가 그들이 필요로 하는 적절한 도움을 줄 수 있는 준비가 되어 있지 않은 경우에 말이다. 하지만 우리가 그들을 돕는 대신 '건강한' 사람들에게만 주의를 기울인다면, 교회의 중요한 핵심 하나를 놓치게 된다. 제자 훈련의 과정은 정말로 그리스도 없이는 살아갈 수 없는 사람들을 주축으로 시작되어야 하기 때문이다.

여기서 주의해야 할 함정은 질 좋은 사람들이 질 좋은 토양을 만들어 낸다고 생각하는 것이다. 하지만 우리 교회에서 사람들이 자주 하는 말은 '불량아들이 좋은 흙을 만든다'라는 말이다. 열매 맺는 식물은 비료가 풍부한 토양에서 가장 잘 자라는 법이다. 어떤 이들은 비료를 듬뿍 주어도 자신의 잘못된 결정과 의롭지 못한 행동 때문에 오히려 시들어 가는 경우도 있다. 따라서 이들을 잘 보살펴서 그곳에 천국의 씨앗을 뿌리도록 해야 한다.

예수께서 이것에 관하여 하신 말씀이 있다. "예수께서 들으시고 저희에게 이르시되 건강한 자에게는 의원이 쓸데없고 병든 자에게라야 쓸데 있느니라 내가 의인을 부르러 온 것이 아니요 죄인을 부르러 왔노라 하시니라"(막 2:17).

도움을 필요로 하는 사람에게 즉각적으로 도움의 손길을 내밀 수 있다는 것은 참으로 기분 좋은 일이다. 사실, 이 사람들은 정신없이 바쁘게 사는 그리스도인들의 마음에 청량제 같은 역할을 해 준다. 그들의 삶이 급격하게 변화되는 모습을 보면서 기독교가 과연 무엇인지 새삼 느끼는 것이다.

그리스도가 절실히 필요한 사람들을 데리고 제자 훈련을 해야 하는 가장 중요한 이유 일곱 가지를 나열해 보았다.

첫째, 지독한 죄인들은 그리스도를 붙잡고 늘어질 수밖에 없다. 자신의 생명이 오직 그분께 달려 있기 때문이다.
둘째, 이미 '모범적'으로 잘 살고 있던 사람들과는 달리, 지독한 죄인들의 인생은 기다렸다는 듯이 순식간에 변화한다.
셋째, 지독한 죄인들은 기꺼이 자신의 죄를 고백한다. 다른 이들보다는 죄가 명백하게 드러나 있기 때문이다.
넷째, 지독한 죄인들은 주변의 다른 죄인들에게 복음의 능력을 보여 줄 수 있는, 살아 있는 광고판이다.
다섯째, 지독한 죄인들은 예수님을 필요로 하는 다른 죄인들과 긴밀한 연결고리를 가지고 있는 경우가 많다.
여섯째, 예수께서 이 땅에 오셔서 죽으신 직접적인 원인이 되는 사람들이 바로 지독한 죄인들이다. 예수님의 기쁨은 그들의 구원이다. 여러분의 주인에게 기쁨을 드리는 것은 지독한 죄인들에게 복음을 전해 주는 것이다.

일곱째, 복음으로 변화된 지독한 죄인들은 하나님께 더욱 큰 영광을 돌린다. 그 어떤 것과도 비할 수 없는 기적을 보여 주기 때문이다. 그런 기적을 만들어 내는 분은 오직 하나님 한 분뿐이시다!

훈련 과정 전체를 성실하게 따를 수 있는 사람들(딤후 2:2)

훈련 모임에 누가 참석할지 아직 정해지지 않은 상태라면, 모임을 계속할 것인가에 대해서 이 두 번째 기준을 가지고 판단하면 된다.

바울은 디모데에게 '다른 사람들에게도 가르칠 수 있는 신실한 사람들에게' 바통을 넘겨줄 것을 당부했다. 모임에 들어온 사람들 중에 훈련 과정에 신실하게 참여하지 않는 이들은 보통 중간에 낙오하는 경우가 많다. 훈련 과정에 참석하는 훈련생들이 모임을 계속하는 것을 그리 달가와하지 않는다면, 더 이상 모임을 지속해서는 안 된다. 이 두 번째 기준은 모임에 계속 나오고 싶어 하지 않는 사람들로 인해 시간을 빼앗길까 염려하는 바쁜 사람들에게 공정한 판단 기준을 준다.

하나님이 재활용하신 제자들

전통적 교리에 어긋나는 것처럼 들릴 수도 있지만, 사실 이 말은 아주 성경적이다. 태초부터 하나님께서 사용하셨던 방법이었다. 하나님은 재활용을 즐겨하신다. 하나님은 쓰레기 같은 인생을 영광으로 바꾸시고, 폐기물 같은 인생도 승리로 이끄신다.

하나님은 그가 쓰실 사람들을 직접 선택하시는데, 대부분 세상 사람들이 별로 인정하지 않는 사람들인 경우가 많다. 하나님은 세금 징수원을 진리 기증자로 바꾸고, 버려진 사람들을 모아 제자로 삼는 것을 기뻐하신다. 아무런 가치도 없는 약점 투성이들을 사용하실 때 하나님께서는 더욱 큰 영광을 받으신다. 또한 그들에게 하나님의 임재와 능력을 더해 주시고, 그들을 하나님의 성품을 가진 전설적인 사람들로까지 변화시켜 주신다. 하나님의 자녀들이라면 모두 그들의 영혼 안에 이렇게 새겨진 인장이 찍혀 있어야 한다. '100% 재활용 재료로 만듦.'

성경에서 볼 수 있는 많은 예 중에 몇 가지만 살펴보자.

먼저, 다윗이 가장 밑바닥 인생을 살던 시절을 살펴보도록 하자. 그는 추방당해서 방랑자처럼 외롭게 살고 있었고 마땅히 머물 곳도 없었다. 그는 양떼 없는 목자요, 나라 없는 임금이었다. 동굴 속에 의지하며 사는 동안, 가족들이 다윗을 찾아왔다. 그리고 다른 무리들도 뒤따라왔다. 그들은 모두 아무짝에도 쓸모없는 버려진 사람들이었다. 사무엘상 22장 2절에서는 그들을 이렇게 묘사하고 있다.

"……환란 당한 모든 자와 빚진 자와 마음이 원통한 자가 다 그에게로 모였고 그는 그 장관이 되었는데 그와 함께한 자가 사백 명 가량이었더라".

그는 왕이 되어야 할 사람이었지만, 대신 사회의 낙오자들을 거느리는 장관이 되었다. 사회의 불합격자들을 이끄는 제왕이자, 유랑자들의 황제가 된 것이다. 모든 이들이 꺼려했던 사람들이 이제 다윗의 절친한 백성이 되었다. 그들은 삶도 함께하고, 전쟁도 같이 치루었다. 그들은 한가족, 한종족, 더 나아가 한군대가 된 것이다.

이후에는 성경이 이들을 '다윗과 그의 사람들'이라고 부른다(삼상 27:3~4, 8). 다윗과 함께 있는 것 자체만으로도 그들은 귀족이었고, 더욱 요긴하고 가치

있는 사람이었다. 또한 그들은 점차 두려움을 모르는 용감한 전사가 되어 갔다.

다윗의 업적과 명성이 높아지자, 이와 함께 그들 역시 많은 존경을 받았고, 그들의 이야기는 지금까지도 전설처럼 오르내린다. 그들은 '막강한 사람들'이 되었다. 소망 없는 부랑아들이 영웅으로 탈바꿈한 것이다. 그들의 용감한 행적들은 성경을 읽는 모든 사람들에게 널리 알려지고 또 영원히 읽혀질 것이다(삼하 23:8~39).

예수께서도 그와 비슷한 기준을 가지고 제자들을 고르셨다.

어느 날 밤, 기도로 힘겹게 고심하고 재고한 끝에 예수께서는 12명의 사람들을 뽑아 특별한 제자로 불러 주셨다. 예수님께서 직접 뽑으신 이들 사절단들의 손에 하나님 나라를 물려주려는 계획을 세우셨던 것이다. 예수께서는 벼랑 끝에 매달린 지렁이 같은 사람을 알선해 주는 곳을 찾아다니셨다. 그분이 선택하신 사람들은 그다지 재능 있는 사람들도 아니고, 외모가 뛰어나거나, 돈이 많다거나 교육을 받은 사람도 아니었다. 사실 예수님은 그런 사람들을 모아다가 180도 바꿔놓는 것으로 유명한 분이셨다(눅 18:18~27). 예수께서는 세금 징수원과 어부 그리고 시퍼렇게 날이 선 게릴라들을 찾아가셨다. 그들은 모두 무시당하는 사람들이었고, 사회적 평판도 의심스러운 이들이었다.

예수께서는 그들을 택하셔서 함께 시간을 보내시며, 훈련도 하시고, 돌보아 주시고, 또 책임을 맡기기도 하셨다(막 3:13~19). 그들은 훗날 로마 제국을 완전히 뒤집어 엎는 이들이 되었다! 그들은 새 예루살렘 성, 하나님의 성전 기초석을 장식하는 아름다운 이름의 주인공들로 변신한 것이다.

마지막으로 살펴볼 것은 바울이다. 그 역시 자기 자신을 쏟아 부을 사람을 선택하는 데 있어서 동일한 기준을 따랐다. 그가 죄악의 수도, 고린도에 머물고 있었을 때, 예수께서 그에게 "이 성 중에 내 백성이 많음이라"(행 18:10)고 말씀하셨다. 바울은 이 추잡하고 문란한 도시 안에 사는 많은 죄인들을 불러 제자로 삼았다. 결국 이 어둠의 도시 안에도 교회가 탄생되었다. 이후, 바울은 그의 편지에서 고린도 사람들에게 이렇게 말한다.

"형제들아 너희를 부르심을 보라 육체를 따라 지혜 있는 자가 많지 아니하며 능한 자가 많지 아니하며 문벌 좋은 자가 많지 아니하도다 그러나 하나님께서 세상의 미련한 것들을 택하사 지혜 있는 자들을 부끄럽게 하려 하시고 세상의 약한 것들을 택하사 강한 것들을 부끄럽게 하려 하시며 하나님께서 세상의 천한 것들과 멸시받는 것들과 없는 것들을 택하사 있는 것들을 폐하려 하시나니 이는 아무 육체라도 하나님 앞에서 자랑하지 못하게 하려 하심이라"(고전 1:26~29).

바울은 고린도 교인들이 자신의 비천했던 시작을 기억하게 하기 위해 다음과 같이 말했다.

"불의한 자가 하나님 나라를 유업으로 받지 못할 줄을 알지 못하느냐 미혹을 받지 말라 음란하는 자나 우상 숭배하는 자나 간음하는 자나 탐색하는 자나 남색하는 자나 도적이나 탐람하는 자나 술 취하는 자나 후욕하는 자나 토색하는 자들은 하나님 나라를 유업으로 받지 못하리라 너희 중에 이와 같은 자들이 있더니 주 예수 그리스도의 이름과 우리 하나님의 성령 안에서 씻음과 거룩함과 의롭다 하심을 얻었느니라"(고전 6:9~11).

하나님께서는 대책 없는 이들을 모아 대단한 사람으로 바꾸고, 밑바닥에서 헤매는 사람들을 붙잡아 영웅으로 만드는 것을 기뻐하신다. 하나님은 그러한 인생 역전을 통해 하나님의 영광스러운 성품을 더욱 드러낼 수 있는 분이다. 또한 예수께서는 그의 긍휼도 보이셨다. 어설프게 고기잡는 어부 하나를 택하셔서 영광스러운 왕국의 주춧돌이 되게 하신 것이다. 이것이 바로 하나님 나라의 모습이며, 우리가 다시금 되새겨야 할 부분이다.

주님 앞에서 우리 자신의 가치를 돋보이게 할 수 있는 장점이 많다고 생각한다면, 결국 아무 쓸모 없는 자로 인생을 마감하고 말 것이다. 하나님께서 그의 위대한 목적을 위해 우리를 사용하시는 것을 체험하려면, 우리 자신의 연약한 부분에 익숙해져야 한다. 나중에 바울은 고린도 교인들에게 다음과 같은 말로 충고하고 있다.

"그리고 그가 내게 이르시기를 내 은혜가 네게 족하도다 이는 내 능력이 약한 데서 온전하여짐이라 하신지라 이러므로 도리어 크게 기뻐함으로 나의 여러 약한 것들에 대하여 자랑하리니 이는 그리스도의 능력으로 내게 머물게 하려함이라 그러므로 내가 그리스도를 위하여 약한 것들과 능욕과 궁핍과 핍박과 곤란을 기뻐하노니 이는 내가 약할 그때에 곧 강함이니라"(고후 12:9-10).

|제5장|
새내기 제자들에게 생명을 불어넣어 주심
변화되는 삶을 위한 필수적인 요건들

앞장에서 살펴보았던 디모데후서에서, 바울은 디모데에게 다음 세대들에게 믿음의 횃불을 전해 주라는 도전을 주었다. 이번 장에서 바울은 디모데와 현대의 우리에게 하나님께 쓰임받을 수 있는 제자를 만드는 데 필수적인 두 가지 원칙이 무엇인지 가르쳐 준다.

이 원칙은 지극히 평범한 사람들이 주를 위해 특별한 일을 감당할 수 있도록 준비시키는 데 사용될 것이다. 두 가지 모두 효과적으로 제자화하는 데 없어서는 안 될 요소들이다. 둘 다 호흡을 들이마시고 내쉬는 것처럼 아주 중요한 과정이며 언제나 함께 이루어진다. 사실상 호흡만큼 중요한 것이다. 숨이 넘어가는 찰나의 사람들에게 시술하는 심폐 소생술과도 같다. 예수님을 위해 다시 심장이 뛸 수 있도록 해 주는 것이다. 이것은 '나쁜 공기는 내뱉고 좋은 공기를 들이마시는 것' 만큼 단순한 방법이기도 하다.

내뱉기: 죄를 고백하기(딤후 2:19~22)

바울은 디모데에게 다음과 같이 썼다.

> "주의 이름을 부르는 자마다 불의에서 떠날지어다 하였느니라 큰 집에는 금과 은의 그릇이 있을 뿐 아니요 나무와 질그릇도 있어 귀히 쓰는 것도 있고 천히 쓰는 것도 있나니 그러므로 누구든지 이런 것에서 자기를 깨끗하게 하면 귀히 쓰는 그릇이 되어 거룩하고 주인의 쓰심에 합당하며 모든 선한 일에 예비함이 되리라 또한 네가 청년의 정욕을 피하고 주를 깨끗한 마음으로 부르는 자들과 함께 의와 믿음과 사랑과 화평을 좇으라".

제자로서 하나님께 쓰임받을 수 있도록 성장하는 데에 필요한 첫 번째 원칙은 죄를 고백하는 것이다. 죄를 정결하게 씻지 않고서는 하나님께 쓰임받을 수도 없고 주님께 영광을 돌릴 수도 없다. 그리스도인은 고백의 사람들이다. 요한은 "만일 우리가 우리 죄를 자백하면 저는 미쁘시고 의로우사 우리 죄를 사하시며 모든 불의에서 우리를 깨끗케 하실 것이요"라고 썼다(요일 1:9). 죄를 고백하지 않으면 정결하게 될 수 없다. 우리가 자신의 죄를 고백할 때, 죄가 씻겨지고, 존중받게 되며, 우리가 하는 말이 용납된다.

바울은 우리를 그릇에 비유한다. 곧 무엇인가를 담는 용기라는 것이다. 어떤 그릇에는 존경이 담겨 있고, 또 다른 그릇에는 수치거리가 담겨져 있다. 우리는 날마다 두 가지 그릇과 함께 산다. 내 친구 하나는 배관공으로 일한다. 그가 하는 일은 수치를 담은 그릇, 곧 화장실을 손보는 것이다. 우리집 개라면 그 물을 마시고 싶어 할지 모르지만, 나는 화장실 물을 결코 맛보는 일은 없을 것이다. 수치와 더러움의 그릇에 담겨져 있는 것이기 때문이다. 우리 부부는 매주 목요일 밤마다 이 수치의 그릇을 비우는 의식을 치른다. 한번은 침대 위에 벌러덩 누워

막 잠이 들려고 하는데, 아내가 아주 상냥한 목소리로 그날 할 일을 슬며시 일러 주었다. 우리 집 수치 용기 두 사발을 잘 퍼다가 길 밖에다 내어놓아야 수치의 트럭이 수거해서 수치의 하치장에 갖다 버릴 수 있는 것이다.

한번은 수치를 담은 그릇과 명예를 담은 그릇의 차이점을 분명하게 보여 주기 위해서, 교인들에게 내 손에 두 가지 다른 그릇이 있다고 상상해 보라고 했다. 그리고 두 그릇 모두 청결하게 씻어서 깨끗하고 시원한 물을 담아 놓았다고 가정해 보라고 했다. 한 쪽은 크리스탈로 만든 유리잔이고, 나머지 한 쪽은 요강이다. 하지만 아무리 깨끗이 씻었다고 한들, 누구도 요강에 담긴 물을 마시려고 하지는 않을 것이다. 이것은 수치의 그릇이기 때문이다. 하지만 내가 여러분을 저녁 식사에 초대해서 아름다운 도자기 그릇과 크리스탈 그릇에 음식을 담아 낸다면 다들 기꺼이 응할 것이다. 명예의 그릇이기 때문이다. 사실 우리가 결혼 이후에 손님 환대용으로 도자기 그릇을 써본 일은 몇 번 안 된다. 어쨌든 바울은 이러한 예를 통해서, 우리가 죄를 고백하면 정결하게 씻겨지고 명예로운 그릇으로 변화된다는 사실을 보여 주고 있다. 그래서 사람들이 우리의 메시지를 더욱 기꺼이 받아들이는 것이다.

하나님의 마음에 합했던 다윗 왕은 완벽한 사람이 아니었다. 그는 간음, 살인, 사기, 은폐 등 우리가 상상할 수 있는 온갖 더러운 죄를 다 범했던 사람이다. 하지만 언제나 그는 하나님께 돌아왔다. 밧세바와의 스캔들에 대해 하나님 앞에 고백할 때, 그는 "하나님이여 내 속에 정한 마음을 창조하시고 …… 그러하면 내가 범죄자에게 주의 도를 가르치리니 죄인들이 주께 돌아오리이다"(시 5:10, 13)라고 기도했다. 우리가 먼저 자신의 죄를 고백하고 깨끗해져야, 잃어버린 영혼들도 우리의 요구를 받아들이게 된다.

고백이라는 것은 말로 동의하는 것이다. 경찰이 범인을 심문하면서 듣고자 하는 고백은 범죄 일체에 대한 동의다. 우리가 하나님께 죄를 고백하는 것은 우리의 죄된 행동이 잘못되고 추악한 것이었다는 사실에 대해 하나님께 동의하는 것이다.

또한 그리스도인의 생활 가운데에는 공동의 믿음과 목적을 위해서 서로에게 죄를 고백해야 하는 경우도 있다. 야고보는 우리가 기도로 서로 격려하면서 죄를 고백하면 치유의 역사가 올 것이라고 말한다(약 5:16).

우리가 정기적으로 다른 사람들 앞에 자신의 죄를 고백하면 우리가 전하는 복음은 더욱 힘을 갖게 된다! 우리 자신의 은밀한 죄를 다른 사람에게 고백하면 그 사람들에게서 신뢰를 잃게 될 것이라고 생각하는 경우가 종종 있다. 하지만 사실은 그 반대의 현상이 일어난다. 우리의 부적절한 죄의 행동들을 고백함으로써 겸손과 정직함, 용기를 보여 주었기 때문에 오히려 사람들의 신뢰를 받게 되는 일이 많다. 정직하고 용감하며 무엇보다도 인간적인 면모를 사람들 앞에 보여 주게 된 것이다. 고백을 통해 우리가 낮아지는 것이 아니라 오히려 한 단계 진일보하게 된다. 단, 이러한 고백은 비밀이 보장되는 안전한 곳에서 이루어지는 것이 중요하다. 때로는 우리의 죄가 드러날까봐 안절부절 못하는 경우도 있기 때문이다. 죄를 고백하지 않으면 의심과 위선이 난무한다. 인간은 죄를 범하기 쉬운 존재라는 것은 누구나 다 아는 사실이다. 하지만 마치 아무런 잘못을 한 적이 없는 양 가장하는 것이 오히려 의심과 불신을 불러온다.

다른 사람들이 여러분을 아무런 죄가 없는 무오한 사람이라 여긴다고 생각하는가? 자신을 가면 뒤로 감춘다고 해서 다른 사람들이 여러분을 전혀 유혹과 죄악에 넘어지지 않는 사람으로 생각하도록 속일 수 있다고 생각하는가? 결코 그렇지 않다. 우리의 죄를 고백할 때 우리를 향한 신뢰가 깎여지는 것이 아니라 오히려 진실한 나를 증거해 주는 것이 된다. 특히 하나님께서 고백하도록 하셨을 때, 그러한 일이 일어난다. 주께서는 우리의 머리털 수도 아시고, 우리의 속 생각도 모두 아신다. 전능하신 하나님 앞에 감출 수 있는 것은 아무것도 없다. 따라서 우리가 죄를 고백한다고 해도 하나님은 충격을 받지 않으신다.

천국에서는 어떠한 스캔들 사건도 감춰질 수 없다. 우리의 죄를 고백한다고 해서 하나님을 화나게 만드는 것은 아니다. 사실, 하나님을 기쁘게 하는 일이다. 앞에서 나왔던 시편의 말씀에서 다윗은 "주는 제사를 즐겨 아니하시나니 그렇지 않으면 내가 드렸을 것이라 주는 번제를 기뻐 아니하시나이다 하나님의 구하시는 제사는 상한 심령이라 하나님이여 상하고 통회하는 마음을 주께서 멸시치 아니하시리이다"(시 51:16~17)라고 고백한다.

우리의 죄를 고백할 때 우리는 깨끗하게 되고, '주인에게 요긴하게 쓰이고, 모든 선한 일에 준비된 자들'이 된다.

들이쉼: 하나님의 말씀을 받아 순종함(딤후 3:16~17)

주인에게 쓰임받기 위한 두 번째 원칙은 말씀을 정기적으로 섭취하는 것이다. 바울은 잠시 후, 이렇게 쓰고 있다.

> "모든 성경은 하나님의 감동으로 된 것으로 교훈과 책망과 바르게 함과 의로 교육하기에 유익하니 이는 하나님의 사람으로 온전케 하며 모든 선한 일을 행하기에 온전케 하려 함이니라"(딤후 3:16~17).

진리는 단순하다. 즉 인생을 변화시키는 것은 오직 하나님의 말씀이라는 것이다. 그 말씀만이 우리를 죄에서 지키시고(시 119:9~11), 우리의 영혼을 열어 쪼개는 수술을 행하실 수 있다. 그래야 우리의 죄가 나음을 입고(히 4:12), 하나님의 인도하심을 받을 수 있으며(시 119:105), 하나님의 목적을 위해 구별될 수 있는 것이다(요 17:17). 우리는 때로 꼭 하나님의 말씀이 아니어도 사람들을 훈련시키고 준비시킬 수 있으리라는 어리석은 생각에 빠진다. 아무리 수백 권의 책을 읽고 좋은 기술이나 설교를 준비하더라도 하나님의 말씀을 꾸준히 섭취하는 것만큼 사람들을 준비시킬 수 있는 최상의 방법은 없다.

죄를 고백하는 것은 나쁜 공기를 뱉어 내는 것이다. 우리가 말씀을 읽고 묵상하는 것은 좋은 공기를 들이마시는 것이다. 숨을 쉬려면 두 가지 모두가 필요하다. 자신의 죄를 깨끗하게 씻으면 모든 선한 일을 할 수 있도록 준비되고, 또한 성경말씀을 읽으면 선한 일을 할 채비를 갖추게 된다. 곧, 전자는 쓰임받을 수 있도록 준비시키는 것이고, 후자는 그 일에 뛰어들도록 장비를 갖추는 것이다. 아직 쓰임받을 준비도 되어 있지 않은데 벌써부터 장비를 갖추는 것은 참으로 무용하고 위험한 짓이다. 하지만 반대로 단지 마음의 준비가 되었다고 해서 아무런 장비도 없이 착수하는 것도 소용없는 짓이다.

인생을 완전히 변화시키기 위한 효과적인 제자훈련은 이 두 가지 원칙이 함께 이루어져야 하는 것이다.

바울은 우리에게 이렇게 당부한다.

"너희가 거듭난 것이 썩어질 씨로 된 것이 아니요 썩지 아니할 씨로 된 것이니 하나님의 살아 있고 항상 있는 말씀으로 되었느니라 그러므로 모든 악독과 모든 궤휼과 외식과 시기와 모든 비방하는 말을 버리고 갓난 아이들 같이 순전하고 신령한 젖을 사모하라 이는 이로 말미암아 너희로 구원에 이르도록 자라게 하려 함이라 너희가 주의 인자하심을 맛보았으면 그리하라"(벧전 1:23; 2:1~3).

베드로 역시 제자의 삶이 성장하기 위해 필요한 두 가지 요소가 있다는 사실에 대해 바울의 말에 동의하고 있다. 지속적으로 죄를 씻는 것과 하나님의 말씀을 꾸준히 섭취하는 것 말이다. 물론 기도나 예배와 같은 요소들도 제자의 성장을 위해서는 반드시 필요한 영적인 원칙이다. 내가 말하려는 바는 그 외 다른 것은 필요없다거나 선택사항이라는 말이 아니라 성장과 배가를 가져오는 가장 주요한 요소가 무엇인지 강조하려는 것이다. 이 두 가지 원칙은 그 위에 다른 것들을 세워 갈 수 있는 근본적인 기초가 된다.

|제6장|
삶이 변화될 수 있는 가장 적합한 환경

사람은 공동체 안에서 변화한다. 그래서 외롭게 홀로 방랑하는 신자들에게는 건강한 그리스도인들을 찾아볼 수 없다. 우리가 인생에서 죄를 대적하며 굳건히 서기 위해서는 서로의 도움이 필요하다. 지금까지 살펴보았던 디모데후서 중에서 22절의 말씀을 보면, 바울이 이렇게 말하고 있다. "또한 네가 청년의 정욕을 피하고 주를 깨끗한 마음으로 부르는 자들과 함께 의와 믿음과 사랑과 화평을 좇으라"(딤후 2:22). 또한 앞에서 제자 배가에 대한 내용으로 살펴보았던 말씀의 구절이 복수형으로 사용되고 있다는 사실에 주의해 보라. "또 네가 많은 증인 앞에서 내게 들은 바를 충성된 사람들에게 부탁하라 저희가 또 다른 사람들을 가르칠 수 있으리라"(딤후 2:2).

우리는 서로 함께해야 한다. 재생산은 언제나 공동의 노력으로 이뤄지는 것이기 때문이다. 탱고 춤을 혼자서 출 수 있겠는가! 대부분의 자연 세계에서 새로운 것을 탄생시키기 위해서는 두 가지 생명체가 필요한 법이다. 하나님께서 인간을 창조하셨을 때 남자와 여자로 만드셨고, "충만하고 번성하여 땅에 편만하라"고 명령하셨다. 하나님의 제자들을 향한 하나님의 계획 역시 충만하고 배가하여 땅에 편만해지는 것이다. 인생은 우리가 공동체로서 함께 존재할 때에 변화되는 것이다.

인생의 변화가 일어나기 위한 최고의 환경은 두세 사람이 모인 공동체라고 나는 확신한다. 하나님 말씀을 살펴보면 한결같이 이를 뒷받침하는 내용을 찾아볼 수 있다. 두세 사람이 모인 공동체야말로 제자 훈련과 제자 배가를 이루는 최고의 환경이라는 나의 생각을 굳혀 주는 다섯 가지 성경적인 이유가 있다.

첫째, 공동체

전도서 4장 9~12절 말씀을 보면 "두 사람이 한 사람보다 나음은 저희가 수고함으로 좋은 상을 얻을 것임이라 혹시 저희가 넘어지면 하나가 그 동무를 붙들어 일으키려니와 홀로 있어 넘어지고 붙들어 일으킬 자가 없는 자에게는 화가 있으리라 두 사람이 함께 누우면 따뜻하거니와 한 사람이면 어찌 따뜻하랴 한 사람이면 패하겠거니와 두 사람이면 능히 당하나니 삼겹줄은 쉽게 끊어지지 아니하느니라"는 말씀이 있다.

인생의 변화는 진공 상태에서 일어나는 법이 없다. 반드시 다른 사람들과의 관계 속에서 가능한 것이다. 태초부터 하나님께서는 "사람이 독처하는 것이 좋지 않으니"라고 말씀하셨다. 하나님께서는 공동체를 필요로 하는 존재로 인간을 만드신 것이다.

공동체가 세 사람 이상의 큰 단위가 될 수도 있지만, 세 명으로 이루어진 모임이야말로 가장 강력한 공동체가 된다. 무엇보다도, 세 명 이상으로 이루어진 공동체 안에서 인생을 변화시키는 밀접하고 든든한 유대 관계를 맺기란 참으로 힘든 것이다. 인생을 변화시키는 최고의 환경은 두세 사람으로 구성된 공동체다.

사실 '3'이란 수는, 공동체를 통해 진정한 성장을 맛보도록 해 주는 이상적인 숫자가 된다. 3명으로 이루어진 모임 안에서는 한 사람이 회의를 완전히 주도하기가 힘들다(꼭 불가능한 것은 아니지만). 또한 세 사람으로 구성된 모임 안에서 자신을 숨기기도 쉽지 않다. 세 사람으로 구성된 모임에서는 참석자들 모두 참여하기가 쉽지만, 모임의 수가 많아지게 되면 어떤 이들은 자신의 의견을 내놓으며 크게 떠드는 반면 나머지 사람들은 뒤로 물러나 있게 마련이다.

둘째, 책임감

디모데전서 5장 19절을 보면, "장로에 대한 송사는 두세 증인이 없으면 받지 말 것이요"라는 구절이 있다.

인생에 있어서 어느 정도의 책임감이 없이는 제대로 일을 해낼 수가 없다. 경건함을 좇기 위해서는 서로에 대한 책임감이 요구된다. 신약성경에 보면 적어도 28번 정도는 "서로에게"라는 훈계의 내용이 나온다. 반복되는 부분까지 합하면 그보다 더 많다. 우리는 서로를 필요로 한다.

하지만 여러분이 잘 알지도 못하는 수많은 군중들에게 책임감을 갖는 것은 매우 힘겨운 일이다. 두세 사람으로 구성된 모임이야말로 서로에 대한 강력한 책임감을 가질 수 있다. 두세 사람으로 된 모임 안에 있는 사람은 자신의 생활을 잘 알고 이해해 주는 사람들로부터 강력한 지지를 얻게 되는 것이다.

셋째, 비밀의 보장

마태복음 18장 15~17절을 보면, "네 형제가 죄를 범하거든 가서 너와 그 사람과만 상대하여 권고하라 만일 들으면 네가 네 형제를 얻은 것이요 만일 듣지 않거든 한두 사람을 데리고 가서 두세 중인의 입으로 말마다 증참케 하라 만일 그들의 말도 듣지 않거든 교회에 말하고 교회의 말도 듣지 않거든 이방인과 세리와 같이 여기라"는 말씀이 나온다.

죄를 깨끗이 씻어 주를 섬기는 자로서 준비되기 위해서는 자신의 죄를 고백하는 것이 필요하지만, 이를 지켜 주는 안전한 모임도 매우 중요하다. 대부분, 자신이 잘 알지도 못하는 사람들이 포함된 큰 모임 안에서 자신의 죄를 고백하는 것은 상당히 불편한 일이다. 또한 남녀가 섞여 있는 모임에서 자신의 은밀한 죄를 나누는 것 역시 그리 안전한 일은 아니다. 두세 명의 동성으로 이루어지고, 여러분을 잘 알고 돌보아 주는 사람들이 자신의 갈등도 나누어 주는 그런 모임이야말로 가장 안전하게 죄를 고백할 수 있는 곳이다.

비밀 보장은 두세 사람들 사이에서 가장 지켜지기 쉽다. 특히 참석자들 모두 상처받기 쉽고 비밀이 노출될 위험이 많을 경우에 더욱 그렇다. 혹 비밀이 새어 나간다 하더라도, 의심의 여지가 있는 사람들은 손에 꼽을 정도이기 때문이다.

주님께서도 비밀의 보장을 유지하기 위해서 죄인을 대면할 때는 특히 두세 명의 중인들을 데리고 가는 것이 최선의 방법임을 주지하셨다(마 18:15~17).

넷째, 융통성

마태복음 18장 20절의 내용은, "두세 사람이 내 이름으로 모인 곳에는 나도 그들 중에 있느니라"고 말한다.

분명 예수께서는 이 말씀 뒤에 더 많은 의미를 담고 계셨겠지만, 이 정도 크기의 모임은 융통성이라는 좋은 이점을 가지고 있다.

우리들 대부분이 제각기 바쁜 사람들의 일정에 맞추어 모임 시간을 정하느라 힘겨웠던 경험을 해 봤을 것이다. 두세 사람의 모임은 전체가 함께 만날 수 있도록 시간을 조정하기가 훨씬 수월하다는 이점을 가지고 있다.

두세 사람의 모임이 갖는 두 번째 이점은, 그들은 어느 장소에서든 손쉽게 만날 수 있다는 것이다. 우리는 간단히 커피 한잔하러 카페에서 만날 수도 있었고, 함께 운동하면서 체육관에서 모임을 할 수도 있었으며, 아이들이 옆에서 자기들끼리 노는 동안 한적하게 공원을 산책하면서 만남을 가지는 식으로 모임을 진행했다. 많은 사람들이 한꺼번에 함께 모이기 위해 모임 주최자를 따로 세울 필요가 없었다.

다섯째, 재생산력

앞에서도 이미 언급했지만, 복잡한 것보다는 단순한 것이 훨씬 쉽게 배가할 수 있다. 두세 명으로 이루어진 모임은 10~15명으로 구성된 소그룹 모임보다 훨씬 쉽게 배가된다. 배가하는 데 필요한 것은 단지 한 사람을 세워 또 다른 두세 사람의 모임으로 배가시키면 된다. 이런 정도의 수준에서도 제자 배가의 효과를 보지 못한다면 더욱 복잡한 구조 안에서 더 좋은 효과를 보는 것은 불가능한 일이다. 두세 사람의 모임도 배가시키지 못한다면 교회 예배나 대중 집회는커녕 소그룹 모임도 배가시킬 수 없을 것이다.

두세 사람이 예수 그리스도의 임재 앞에서 그 말씀의 진리로 함께 모이는 것은 교회의 가장 기본적인 단위가 된다. 가장 기본 단위에서 배가를 시작해 나간다면, 교회 전체의 기본 유전자를 재생산의 가치관으로 채워 넣을 수 있게 된다. 교회 안에 정말로 힘 있는 제자 배가가 일어나는 것을 두 눈으로 직접 보고 싶다면, 근본부터 뿌리째 바꿔 놓는 운동을 추진하는 것이 최선의 방법이다.

교회 개척은 주님께서 나를 부르신 방법이자 나의 열망이다. 하지만 어느날 문득 깨달은 사실은, 성경 어디에도 교회를 개척하고 교회를 배가시키라는 명령은 나와 있지 않다는 것이었다. 그런 말은 어디에도 없었다! 하나님이 우리에게 주신 명령은 제자를 삼고 배가시키라는 것이었지, 교회나 소그룹을 배가시키는 것이 아니었다. 예수님의 소망은 교회의 개척과 배가를 통해 하나님 나라가 든든히 세워지는 것이었지만, 이를 실천하기 위해 예수께서 세우신 계획은 제자를 배가시키는 것이었다. 바로 교회의 기본적인 단위에서부터 시작하여 심지어 그리스도 몸의 땀구멍에 이르기까지 구석구석 퍼져 나가는 것이다. 하지만 이 기본적인 단위에서부터 시작하지 않고 하나님이 지정하신 첫 시작 단계를 뛰어 넘은 채 시도해 나간다면, 결국 지쳐 쓰러져 죽을 때까지 아무런 배가의 효과도 보지 못하고 일만 하다가 끝나고 말 것이다.

다음에 나오는 도형은 교회 안에서 근본적인 차원으로 제자 훈련이 시작되고 배가가 일어날 수 있는 모습을 한눈에 볼 수 있도록 나타낸 것이다.

앞에서 다루었던 다섯 가지 내용만으로는 두세 사람의 모임에 대한 신빙성이 부족하다고 생각하는 분이 있다면, 이제 나머지 한 가지 근거를 가지고 이 논쟁을 종결시킬 수 있을 것 같다. 하나님은 세 사람이 모이는 공동체 안에도 임재하신다! 이 사실을 가지고 나는 농담반 진담반 삼아 말하곤 한다. 예수께서는 하나님이 머리 되신 공동체의 예를 가지고 우리가 각자 어떻게 기능할 수 있는지 가르치셨다(요 17:11, 21). 두세 사람으로 이루어진 모임 안에 분명 특별하고도 영적인 무엇인가가 있기 때문에 그랬을 것이다.

삶을 변화시키는 모임을 기본 단위로 한 교회 재생산의 유기적 모형	
삶을 변화시키는 모임 흙에 떨어지는 씨앗: 제자화와 제자 배가	
셀그룹 몸이 발전되다: 모임의 배가	
전체 회중 모임 몸으로서의 기능은 하지만 아직은 미성숙함: 사역의 배가	
새로운 교회를 시작함 몸을 재생산하다: 교회의 배가	

|제7장|
제자 배가의 실례
우리들의 이야기

앞에서 말했던 원칙들을 되새기며 제자화 시스템을 만들어 나가는 것은 꽤나 야심만만한 프로젝트였다. 이들 원칙을 모두 포함하고 있는 방법을 찾아냈다는 것은 하나님의 은혜가 아닐 수 없었다. 이러한 시스템을 만드신 분은 하나님이시고 우리는 단지 발견한 사람에 불과하다는 느낌이다. 물론 이 방법만이 효과를 볼 수 있다고 말하려는 것은 아니고, 단지 하나님의 은혜로 제자 배가를 할 수 있는 단순한 방법을 찾아내었다는 사실을 말하려는 것이다. 우리가 어떻게 이 방법을 찾아내었으며, 결과적으로 사람들의 인생이 어떻게 변화되었는지 나누어 보고자 한다. 이 글에 나오는 사람들의 이름은 가명이지만, 그들이 겪은 일들은 정말로 일어났던 일이다.

나는 언제나 제자를 삼는 일에 열정을 쏟았고, 제자 배가야말로 제자화의 가장 중요한 부분임을 강조해 왔다. 그래서 여러 가지 자료나 교육 과정을 가지고 시도해 보았고, 그중 몇 가지는 다른 것들보다는 괜찮은 듯이 보였다. 하지만 결국 내가 시도했던 모든 시스템은 하나 둘 모두 실패로 돌아가고 말았다. 자료를 토대로 한두 번 시도해 보고 나면 이내 지겹게 느껴지기까지 했다. 지도자가 지겨움을 느끼면 모임도 끝장나기 마련이다. 그래서 자료들만 가지고서는 온전한 재생산이 불가능하다는 사실을 깨닫게 된 것이다. 결국 다음 세대가 믿음으로 재생산되는 배가의 모습은 전혀 찾아볼 수 없었다.

오늘날 교회들이 시도하는 제자화 시스템의 공통적인 문제점은 모임을 이끄는 리더가 스스로 아무런 공급을 받지 못한다고 느낀다는 점이다. 시스템 전체를 적절히 도와줄 수 있는 모임을 거듭 가질수록 문제를 발견하고 수정할 시간도 없이 리더들은 시간에 쫓기게 된다. 그래서 리더들 스스로 재충전 시간을 조금 줄여 보지만 적절한 해결방안은 아니다. 리더는 모임 전체에 영향을 끼치는 사람이다. 한 마디로 모임을 좌지우지하는 방향키 같은 존재다. 그러므로 리더가 더 이상의 영향력을 발휘할 수 없을 정도로 성장을 멈추게 되면, 그가 지도하는 모임은 결국 정체되거나 등대를 잃어 난파하고 마는 것이다.

나는 최신판의 좋은 책을 읽고 난 후 일주일에 한 번씩 함께 토론하는 식으로 모임을 진행시켜 나갔다. 그러나 척 스윈들 목사님의 책들을 읽어 나가면서부터 무언가 모를 지겨움이 스멀스멀 피어오르기 시작했다. 문제는 그 책이 지루해서가 아니라, 사람들의 삶이 눈에 띄게 변화하는 모습을 볼 수 없었기 때문이었다. 모임에 참석한 청년은 분노의 문제가 좀 심각하여 책을 읽어 가면서도 분노가 사그라지지 않았고 용서와 화해의 감정으로 이완되지 않았다. 이번에는 방법을 바꿔 보기로 작정하고 먼저 모인 사람들에게 성경책을 내보이면서 "지금까지 읽었던 책은 이제 다 치워 버리세요. 아니면 혼자 집에서 개인적으로 읽던가요. 이번 주에는 잠언 말씀을 읽으시기 바랍니다"라고 공고했다. 그들은 마치 사냥

꾼의 올무에서 벗어난 새처럼 좋아하면서 잠언의 어느 장을 읽어야 하는지 물어보았다. 내가 "전부 다 읽으세요"라고 대답하자 모두들 얼굴빛이 싹 변했다. 그 중 분노에 사로잡혀 있는 청년이 "한 주 만에 전부 다를요?"라고 반문했다. "그렇죠. 이번 한 주 동안 31장 전체를 읽으셔야 합니다." 그 청년을 바라보면서 나는 그가 잠언을 읽는 중에 자신의 화를 다루는 법을 솔로몬과 성령님의 도우심을 받지 못한다면, 나나 척 스윈돌 목사나 어느 누구도 그의 분노의 감정을 다스려 줄 수 없을 것이라는 생각이 들었다.

방법을 바꾼 후 그 다음 모임시간이 다가왔다. 그들의 얼굴 표정을 살펴보니 내 말을 가볍게 들은 듯 잠언 전체를 다 읽어 오지 않은 눈치였다. 나는 잠언 31장을 다 읽었지만, 그 친구들은 12장쯤 읽어 온 것처럼 보였다. 이 친구들이 내 말을 농담으로 여기고 성경말씀이 역사하실 기회마저 주지 않은 것이 분명하다고 생각했기 때문에, 나는 "좋아요. 좋아! 잠언 말씀을 다시 읽도록 하죠. 여러분 중에 잠언 전체를 읽어 오지 않은 사람이 한 사람이라도 있으면 전체가 함께 다 읽을 때까지 계속 반복하도록 하겠습니다"라고 공포했다.

4주가 지나고 나서야 그들은 모두 잠언 전체를 읽어 왔다. 그동안 나는 잠언을 네 번이나 읽었다. 잠언 읽기는 마치 신선한 바람이 내 얼굴을 부드럽게 만지고 지나가는 것 같은 새롭고 경이로운 느낌을 주었다. 잠언은 영적으로 배고픈 내 제자들만큼 나 자신을 충분히 먹이는 시간이 된 것이다.

하지만, 불행하게도 그 친구는 기경되지 않은 밭처럼 여전히 분노의 문제가 해결되지 않은 듯했다. 나는 말씀의 힘으로 그 친구의 마음밭을 더욱 뜨겁게 달궈야 하겠다고 생각했다. 잠언 말씀 읽기를 끝내고 나자 큰 짐을 덜어 낸 듯 모두 활기가 있어 보였다. 그래서 나는 "여기서 끝내지 말고, 한 주에 야고보서 말씀을 일곱 번 읽기를 해 보도록 합시다. 이번에도 역시 우리 중에 한 명이라도 다 읽어 오지 않으면 끝내지 않을 겁니다"라고 제안했다. 이때 이후 모임 안의 분위기가 변하기 시작했다. 그 친구는 갑자기 태도가 돌변했다. 이건 말도 안 되는 일이라며 받아들이고 싶지 않았던지, 끝까지 모임에 참석하겠노라고 호언장담했지만 결국 제대로 읽어 오지 않았다. 그 친구의 황당한 행동 덕분에 우리는 야고보서를 49번이나 읽어야 했다. 마침내 야고보서를 다 마치게 되자, 그토록 우리의 행보를 방해하던 그 친구는 아무래도 이 모임이 자신에게 맞지 않는다고 했다. 그리고 더 이상 성경 읽기를 하고 싶지도 않고, 모임도, 우리 교회에도 출석하지 않겠노라며 모임을 떠나 버렸다.

아쉽게도 내가 이제 막 제자훈련에 대해 흥미진진해하기 시작할 때, 아무도 모임에 나오지 않게 된 것이다. 하지만 바로 그때에 하나님은 새로운 한 사람을 내가 이끄는 모임, 곧 하나님 나라로 인도하셨다. 마티라는 이름의 청년이었다.

그는 알코올에 빠져서 자기 파괴적인 삶을 살아왔고, 심지어 마약도 복용했다. 내가 처음 마티를 만났을 무렵, 그의 부모님은 우리 교회에 다니고 있었다. 부모님의 걱정거리가 된 마티는 이미 두 번의 음주 운전으로 면허가 정지되고, 교통사고를 낸 혐의로 징역형을 살고 나온 상태였다. 어느 날 아침, 내가 죄의 결과에 대한 내용으로 설교를 하고 있는데 마티가 예배당 안으로 들어왔다. 나는 성령께서 그를 움직이고 계심을 느낄 수 있었다. 설교를 끝내자마자 나는 마티 앞으로 걸어가 제자 훈련 모임에 참석할 수 있겠느냐고 물었다. 나는 성령께서 그의 마음 안에 역사하고 계신다는 것을 느끼고 있었기에, 그가 틀림없이 수락할 것이라 확신하고 있었다. 그는 면허 정지로 차를 운전할 수 없기 때문에, 참석하기는 어렵겠다고 대답했다. 나는 수요일 아침 5시 45분에 그를 차로 데리러 가겠다고 했고, 그는 동의했다. 수요일 아침 5시 45분, 나는 그의 집 앞에 도착했고

'빵' 하고 경적을 울렸다. 잠시 후 그는 옷을 차려입고 나왔으며, 나와 함께 모임에 참석했다. 몇 주 동안 성경 읽기를 하고 나자, 그의 마음 안에는 변화가 일어나기 시작했다. 그는 새로운 피조물이 되었고, 새로운 일이 시작되자마자 옛 것은 지나가 버린 것이었다. 그는 다시 세례를 받아도 되는지 물었다(중·고등학교 시절에 이미 세례를 받은 적이 있었다). 자신의 삶이 변화되는 것을 체험한 그는 정말로 다시 세례를 받고 싶었던 것이다. 이에 나는 흔쾌히 승낙했다.

여기에 헨리, 랜디, 헤더, 베로니카 등 다른 네 명의 젊은이들이 합세하자 우리 모임은 금세 성장했고, 모임의 장소가 좁아져서 더 큰 곳으로 옮겨야 할 상황이 되었다. 놀랍게도 모임에 참석하는 사람들 전체가 삶이 변화되었고, 이제는 다른 사람들에게 엄청난 도전을 주는 사람들이 된 것이다.

성경을 읽는 것은 우리의 인생을 변화시키는 놀라운 힘의 시작이었다. 모임은 점차 매주 성경 30장씩을 정기적으로 읽는 식으로 자리를 잡아 갔다. 다른 책으로 계속 넘어갈 수 있도록 각자가 읽을 분량은 책임지고 끝내도록 했다.

그때까지만 해도, 나는 그 주에 설교할 내용을 가지고 아침 묵상 시간에 읽곤 했다. 또는 묵상하는 시간 대신 설교 말씀 준비를 위해 성경을 연구하는 식으로 읽어 나갔다. 혹시라도 나를 오해하지는 말기 바란다. 그런 식으로 하더라도 성경은 나의 인생을 변화시키고 내 설교에 신선함을 줄 뿐 아니라 개인적인 말씀으로 역사하셨을 것이다. 하지만 성경 읽기 분량이 점점 많아지기 시작하자, 단지 내가 설교할 부분의 내용과는 상관없이 모임을 유지하기 위해서라도 계속 매일 정해진 분량만큼 성경을 읽어 나가야 했다.

나는 성경을 읽어 나가면서 하나님의 음성을 듣기 시작했고, 말씀에 대한 더욱 큰 갈급함을 느끼기 시작했다. 마티와 다른 친구들도 마찬가지였다. 이런 식으로 성경 읽기를 한 지 두 달 정도가 지났을 때, 주일 오전 예배 후에 어떤 형제가 나를 찾아와서는 특별한 성경 연구 프로그램이라도 하고 있느냐고 물었다. "와아! 목사님, 따로 공부하시는 게 있나 보죠? 그게 뭔지는 몰라도 효과는 확실한가 보네요. 계속 하세요. 설교 말씀이 예전보다 훨씬 힘이 있답니다."

이 말에 나는 오히려 의문이 생겨 그 이유를 자문해 보았다. 답은 바로 내가 성경을 그 전보다 더욱 사모하게 되었다는 것이며 그래서 설교가 말씀의 영향을 받을 수밖에 없었다는 것이다. 나는 우리 모임이 과연 교회에 미칠 수 있는 또 다른 영향력은 무엇일지 곰곰이 생각해 보았다. 그때부터, 우리 모임을 탐험가적인 호기심 어린 눈으로 바라보기 시작했다. 새로운 것을 발견하는 과정이라 생각하고 관찰한 내용들을 하나씩 기록해 나갔다. 나 스스로 이에 대한 해답을 찾아다닌 것이다. 여러분이 지금 손에 들고 있는 이 책은 그 탐구의 결실이다.

초반에 알아낸 사실은 모임이 성장해서 더 큰 장소로 옮겨야 되겠다고 생각할 무렵이 되면 다시 3명으로 줄어든 것이었다. 얼마 지난 후, 그 모임은 또다시 성장하지만 또다시 3명으로 되돌아왔다. 모임 자체는 결코 없어지지 않았지만 3명 이상을 넘어서지 않는 것이었다. 그렇다고 열정이 사그라지거나 삶이 변화되지 않고 정체되는 일은 없었다.

'왜 그럴까' 하는 의문 속에서 하나님 앞에 나아가 그분이 나에게 말씀하시고자 하는 것이 무엇인지 귀를 기울였다. 우리 모임은 자연적으로 가장 활발하게 활동할 수 있는 크기였다. 부자연스러운 모습으로 자라나도록 압력을 가하기보다는, 차라리 모임의 구성원을 3명으로 한정시키고, 대신 이를 배가시키는 쪽을 택하기로 했다. 그 결과 놀라운 효과가 나타났다. 일 년 동안 1개의 모임이 약

10개의 모임으로 불어난 것이다! 그 다음 해에는 20여 개의 모임이 족히 넘을 것이 확실했다.

마티는 성경을 계속 읽으며 자신의 삶에 적용해 나가는 과정에서 계속적으로 성장해 나갔다. 교회 안에서도 사람들과 좋은 관계를 세워 갔다. 학교에도 복학했다. 나는 마티가 이전에 어울려 즐기던 친구들에게 가서 자신이 새롭게 발견한 믿음을 나눌 것을 격려했다. 물론 마티가 자기 입으로는 말하지 않았지만, 이전에 어울리던 술 친구들을 찾아가 그리스도에 대한 이야기를 하고자 하는 열망은 그리 많지 않았다. 하지만 나는 마티와 예전 친구들과의 관계가 점차 냉담해져서 복음을 나눌 기회를 잃기 전에 찾아가기를 바랐다.

이런 나의 바람과는 달리 마티에게 불행한 사태가 일어나고 말았다. 어느 날, 마티는 그리스도인이 아닌 단짝 친구와 어울려 다니다가 두 사람은 동업을 하기로 약속하고 함께 저녁 식사를 하러 나갔다. 비그리스도인 마티의 친구는 마르가리타(칵테일의 종류: 역자 주) 두 잔을 시켜서 탁자 위에 늘어 놓았다. 처음엔 마티가 사양하며 자신은 더 이상 술을 마시지 않는다는 사실을 다시 한 번 친구에게 일러두었다. 하지만 친구는 그저 예전처럼 기분 좋게 그날 하루를 축하하는 건데 어떻냐며 극구 권했다. 마티는 마지못해 한 잔을 들이켰다. 그리고 한 잔, 또 한 잔……. 결국 예전처럼 술에 만취되어 '흥청망청하던 시절'로 돌아가고 말았다. 그들은 술에 취한 상태로 마티의 트럭을 몰고 집으로 돌아오고 있었다. 물론 마티는 여전히 면허 정지 상태였으므로 친구가 운전했다.

그들이 골짜기 너머 사거리쯤 다다랐을 때, 신호가 이제 막 빨간 등으로 바뀌는 중이었다. 마티는 친구에게 "자, 빨리 가자구. 너라면 해낼 꺼야"라고 말했다. 그런데 마티의 말이 끝나자마자 신호등은 빨간색으로 완전히 바뀌어 있었고, 반대편에서 신호를 기다리고 있다가 우회전하던 차를 보지 못하고 그 차의 운전석을 정면으로 들이받아 버렸다. 정신을 차려보니 마티의 팔은 트럭 사이에 끼어 있었고, 깨어진 유리 파편은 온 사방에 흐트러져 있었으며, 의료 요원들은 마티를 헬리콥터에 태워 외상 응급 센터로 후송하기 위해 분주히 움직이고 있었다. 나중에야 안 사실이지만 마티의 친구는 사고 즉시 그 자리에서 죽고 말았다.

다음 날 이른 아침, 나는 마티가 다쳤다는 전화 연락을 받고, 재빨리 그를 만나러 갔다. 아직도 마티의 머리카락에는 유리 파편과 피가 말라 붙어 있었지만, 의식은 회복해 가는 중이었다. 팔에 아무런 감각을 느끼지 못했지만, 의사는 곧 회복하게 될 것이라고 말했고, 정말로 다시 정상으로 돌아왔다.

우리는 잠시 함께 걸었다. 마티는 사고 당시의 광경을 떠올리며 여전히 떨고 있었다. 나는 그의 움츠러든 모습을 바라보며 지금이야말로 마티의 인생에 있어서 너무나도 중요한 순간이기에 하나님께서 그의 마음을 움직여 주시길 기도하는 심정으로 조심스레 말을 꺼냈다. 그리고 마티의 눈을 바라보면서 "이봐, 마티! 하나님이 자네에게 무슨 말씀을 하시려는지 생각해 보았나?"라고 물었다. 그는 입술을 바들바들 떨면서, 눈물이 가득한 상태로 나를 물끄러미 쳐다보더니 "나의 가장 친한 친구가 지금 지옥에 있다는 사실을 도저히 믿을 수가 없어요. 게다가 나는 지금 아무것도 해 줄 수 없잖아요"라며 울먹였다.

마티는 이제 변했다. 그날 이후로 그는 완전히 술을 끊었고, 주변에 있는 사람들에게 복음을 증거해야 한다는 뜨거운 마음을 품게 되었다. 하루는 대학 친구들과 스키를 타러 갔다가 어느 예쁜 여학생을 만나게 되었는데, 그 여학생은 그리스도인이 아니었다. 마티는 그 여학생이 참 귀엽고 마음에 들었지만 비그리스도인과 데이트를 해서는 안 된다고 생각했기에, 먼저 캐시라는 여학생을 그리스도께로 인도했고, 이후에야 데이트를 시작했다. 캐시는 주님을 영접했고 믿음이 급격히 성장하기 시작했다. 이후 그들은 결혼하여 함께 역동적인 팀으로 사역하게 되었다. 캐시는 최근 새롭게 우리 교회에서 성장하고 있는 헤더라는 자매와 함께 모임을 시작했다. 그리스도를 영접하고 세례를 받은 또 다른 젊은 여성도 그 모임에 함께 동참하고 있다. 얼마 지나지 않아, 그 모임도 배가되었다.

마티와 캐시 모두 자신의 극적인 구원의 경험에서 흘러나오는 잃어버린 영혼에 대한 마음을 가지고 복음을 나누고 있다. 현재 마티는 교회의 청년 사역 목회자가 되었다. 그는 한때 자신이 겪었던 것과 동일한 경험을 하고 있는 십대 문제아들을 대상으로 사역하는 데에 열정을 쏟고 있다.

나는 마티로부터 정말 귀한 것들을 많이 배웠다. 또한 나는 우리 모임 안에서 책임성의 요소를 강조해야 할 필요성이 있다는 것도 깨닫게 되었다. 나는 매주 마티에게 "그래, 술을 안 마신 지 며칠이나 되었지?" 하고 물어보기 시작했다. 이것은 마티가 자신의 책임감을 인식할 수 있도록 사용하는 방법이다. 나중에는 "이번 주에 개인적으로 어떤 탐닉에 빠진 적이 있나? 한 번 설명해 보게"라고 질문하기 시작했다. 내가 그렇게 물어본 것은 한 가지 중독적 행위에 빠진 경험이 있는 사람은 이내 다른 것에도 쉽게 빠질 위험성이 있음을 알기 때문이었다. 감사하게도 마티는 그런 중독에 빠지지 않았다.

또한 나는 모임 안에 전도에 대한 책임감을 갖추어야 한다는 사실도 인식하게 되었다.

나는 존 웨슬리를 공부하면서 감리교 운동의 발단에 대해서도 연구한 적이 있다. 그들은 작은 소그룹 단위로 모여 서로가 책임을 맡은 부분들을 확인하면서 교제를 나누고, 상대방의 영적인 성장에도 책임감을 가지고 서로를 돌아보았다. 그리고 당시 나는 찰즈 콜슨이 쓴 『그리스도의 몸』이란 책도 함께 읽고 있었다. 그 책에서는 척 스윈돌 목사가 다른 목회자들의 행동에도 책임감을 가지도록 스스로에게 자문하던 몇 가지 질문을 예로 들고 있다.

나는 이 질문을 나의 것으로 받아들여 여기에 몇 가지를 더 첨가해서 확인 질문서를 만들었다. 이후로도 여러 번 다듬고 고쳤지만, 그 내용이 단순하면서도 서로에 대해 책임감을 가질 수 있도록 언제나 쓸모 있게 사용되었다. 이 질문들을 통해 우리는 서로에게 자신의 죄를 고백하되, 다른 사람이 굳이 관여할 필요가 없는 아주 개인적인 부분들까지 억지로 참견한다는 느낌 없이 자연스럽게 나눌 수 있다. 이 질문서를 사용할 때, 나는 이성이 함께 모인 모임보다는 동성끼리 모인 곳에서 사용하도록 했다. 나는 여성들에게도 자체 모임을 만들도록 했다. 또한 서로 자신의 필요들과 가장 긴밀히 연관된 문제들을 가지고 깊이 나누도록 도전하자, 그들은 그대로 따랐다. 이후, 질문서는 양성 모두에게 적절한 모습으로 갖춰지게 되었다. 모임 안에서 이 확인 질문서를 활용하고 나면 언제나 모임이 배가하기 시작하는 현상을 볼 수 있었다.

처음에는 모임이 배가하리라고는 생각도 못했다. 한번은 언제나 함께 사람들과 모임을 가지던 카페에 혼자 앉아서 나만의 좋은 시간을 보내고 있었다. 우리가 모일 때마다 주문을 받으러 오던 여 종업원이 다가오더니 "목사님, 마티 씨를 정말 대견히 여기셔야 돼요"라고 말하는 것이었다. "나야 물론 대견히 여기죠. 근데, 왜 꼭 그래야 된다고 말씀하시는 거지요?"라고 묻자, 종업원은 "마티 씨가 얼마나 모임을 잘 인도하는지 아세요"라고 칭찬하는 것이었다. 나는 깜짝 놀라, "마티가 모임을 인도한다구요?"라고 물었다. 종업원은 "그럼요, 매일 월요일 아침 모이는데 젊은이들이 끊이지 않고 찾아와요. 다들 성경공부에 얼마나 열성적으로 참여하는지……"라고 입이 마르도록 칭찬했다. 나는 우리 모임이 배가했다는 사실을 이런 식으로 알게 되었다.

얼마 지나지 않아, 마티는 그 모임을 물려주고 다른 모임을 새로 시작했다. 그가 처음 시작했던 모임은 그가 없이도 이미 3, 4개로 불어나 있었고, 결국 미혼 젊은이들을 위한 새로운 사역이 시작되는 기초가 되었다.

그리고 얼마 뒤, 봅이라는 청년이 자신의 결혼 생활의 문제를 가지고 나에게 도움을 요청했다. 나는 함께 서로를 책임지고 돌아보는 정기적인 모임 같은 것을 시작하는 게 어떠냐고 제안하면서, "그냥 성경만 읽는 것으로는 도움이 되지 못하고, 내가 아무리 상담을 해 준다고 해도 나아질 것은 없어요. 먼저 함께 죄를 고백하면서 나누어야 합니다"라고 조언했다.

그 남자는 즉시 모임 안에 들어왔다. 그의 마음과 생각이 정결하게 씻겨지고 새롭게 되면서 그의 결혼 생활도 훨씬 나아지기 시작했다. 그의 아내도 역시 모임에 참석하기 시작했다. 이 부부는 우리 교회에 한동안 출석했지만, 사역 안에 그리 깊이 참여하지는 못했다. 그런데 어느 날 갑자기 사역을 하겠다고 자원하더니 잃어버린 영혼을 향한 긍휼한 마음이 그들 안에 더욱 솟아나는 것을 지켜볼 수 있었다. 이 부부는 자신들이 아는 몇몇 부부들을 교회로 데려왔다. 그리고 봅은 그들 가운데 어느 부부를 주님께로 인도했고, 그들은 또 다른 부부들을 인도하여 그리스도를 영접하도록 도움을 주었다. 그리하여 우리 교회에서는 회심하고 엄청난 변화를 체험한 3세대 전체를 총괄하는 큰 세례식을 열게 되었다. 봅은 이들 남성들과 함께 모임을 시작했고, 모임은 점차 배가해 나갔다. 그리고 나는 봅 대신 프랭크라는 다른 남성과 새로운 모임을 시작했다. 그 역시 결혼 생활에 문제를 가진 사람이었다. 내가 봅과 모임을 시작한 지 겨우 4개월 만에 그러한 배가의 역사가 일어난 것이었다.

프랭크가 내 사무실로 찾아왔을 때에는 도움이 절실한 상황이었다. 결혼한 지 이제 겨우 1년이 되었는데, 그의 아내가 왠지 미심쩍게 느껴진 것이다. 프랭크는 상처가 많은 사람이라, 자신의 삶과 결혼 생활을 되찾기 위해서라면 무슨 일이라도 하고자 했다. 나는 그에게 토요일 아침마다 모임을 가지는 게 어떻겠냐고 제안했고, 그는 이내 승낙했다. 그래서 우리는 앞에서 말한 것과 같은 모임을 정기적으로 일주일에 한 번씩 가졌다. 프랭크는 워낙 절실한 상황이었기 때문에 성실하고 열의를 다해 모임에 참석했고, 그 결과는 금세 드러났다. 프랭크 자신의 삶이 변화되기 시작한 것이다. 하나님의 말씀이 생전 처음으로 살아 있는 말씀으로 그에게 다가오자, 그는 자신의 죄를 고백하는 것과 스스로의 선택에 책임을 지는 것에 대한 가치를 깨닫기 시작했다.

그의 성품이 변화하기 시작한 것을 목격한 것은 나 한 사람뿐만이 아니었다. 프랭크의 아내 역시 그 사실을 깨달았다. 처음에는 물론 힘겨웠다. 그들은 언제 다시 합치겠다는 기약도 없이 한동안 별거에 들어가고 말았지만, 프랭크는 결혼 생활의 파탄과는 관계없이 영적으로 계속 새롭게 성장했다. 처음엔 아내를 되찾겠다는 욕심에 모임을 시작했지만, 결국 그 과정에서 예수님과 사랑에 빠지게 되었고, 이제는 아내가 곁에 있든 없든 자신의 생활을 유지해 나갈 수 있게 된 것이다.

이렇게 프랭크와의 토요일 모임을 계속 진행시켜 갈 무렵, 짐이라는 친구가 나를 찾아와서는 영적으로 텅빈 상태에서 음란하게 사는 생활에 치가 떨린다고 호소했다. 짐은 이미 성장할 준비가 된 사람이기에 우리 모임에 함께 참여하라고 제안했다. 그는 기다렸다는 듯 모임에 참석해서 눈에 띄게 성장하기 시작했다.

일 년 내에 이 모임은 3개의 모임으로 배가되었고, 다들 회심 이후 엄청난 성장을 보였다. 놀랍게도 프랭크는 자기 아버지와 형을 그리스도께로 인도했고, 주일날 세례를 받게 하기까지 이르렀다. 그들 세 명의 남자들은 자기들끼리 모임을 시작했다. 프랭크의 아내도 마음을 돌이켜 그리스도를 영접하고 남편에게 돌아왔다. 심지어 그녀의 정부까지도 예수를 믿고 다른 교회에 출석하기 시작했다는 이야기도 들었다! 프랭크는 이후 혼자 사업을 시작했는데, 특별히 교회 개척자나 목회자들에게 도움을 줄 목적으로 시작했다. 그래서 그들이 집에서도 일을 하고 적절한 수입을 보장받으면서도, 새로운 교회 개척을 시작할 수 있는 시간을 확보할 수 있도록 돕기 위한 것이었다. 내가 이 글을 쓰는 지금 당장은 그 사업이 초기 단계지만, 그 생각은 충분히 발전이 가능한 것이고, 또 무엇보다도 하나님 나라를 향한 그 마음의 열정이 어떤 것인가를 보여 주는 좋은 사례다.

짐 역시 그리스도를 영접한 다른 형제와 모임을 시작했다. 그 형제 역시 세례를 받고 제자 훈련 사역에 열렬히 동참하게 되었다.

프랭크와 짐이 그들만의 모임을 따로 시작할 무렵, 나 역시 새로운 모임을 시작해야 했다. 그 다음에 시작한 모임은 그리 급작스러운 변화를 겪지 않은 세 사람으로 시작하게 되었지만, 역시 놀랍도록 능력 있는 모임이었다.

이렇듯 사람들이 급작스레 변화되고 제자를 만들어 가는 과정을 보면서, 우리 교회의 주요 리더의 위치에 있는 두 형제가 찾아와 자신들에게도 과연 그러한 일이 일어날 수 있을지 물었다. 주님은 교회의 몇몇 장로들의 마음 가운데에도 경건한 질투심을 일으키신 것이 분명했고, 이 경건한 사람들 역시 다른 이들이 받았던 축복들을 받지 못하도록 할 이유는 없었다. 나는 매주 토요일 아침 그 두 사람과 모임을 가졌다. 일 년이 지나자, 그중 한 사람은 자신의 사업을 온전히 주님께 드리고, 교회 개척 사역을 하는 사람들을 고용하기로 마음 먹었으며, 직접 교회의 예배 인도자로 사역하기로 했다. 이 글을 쓰는 현재까지, 그는 우리 교회의 청년부 담당 목회자 여러 명과 자비량으로 교회 개척하는 세 명의 형제들을 고용했다.

또 다른 한 명 역시 하나님이 주시는 새로운 사명을 느꼈다. 그는 사역에 대한 놀라운 감각이 있는 사람이었고, 결국 내가 새로운 교회 개척을 시작하기 위해 교회를 떠난 뒤에 그 교회에서 목회자로 사역하게 되었다. 그의 부르심에 대한 이야기는 이후에 더 자세히 설명하도록 하겠다.

절실히 도움을 요청하는 한 남자와 시작한 어느 토요일 아침의 모임이 성장하고 배가하여, 결국 6명의 사람들이 주님을 새로이 만나게 되었고, 또 두 사람은 자신의 사업을 하나님 나라를 위해 깊이 헌신하여 한 사람은 목사가 되었고 또 다른 한 사람은 교회 개척자가 된 것이다. 이 모든 일은 단지 2년이라는 세월 동안에 일어난 사건이다.

제8장
삶을 변화시키는 모임의 시스템

이번 장에서는 삶을 변화시키는 모임의 시스템이 어떤 식으로 운영될 수 있는지 설명한 후, 이 시스템의 장점과 가장 흔히 나타나는 난제는 무엇인지 살펴볼 것이다.

삶을 변화시키는 모임(LTG: Life Transformation Groups)의 시스템은 성장을 위한 아주 기본적인 방법이 된다. 이러한 단순한 시스템을 사용하면, 영적인 사역이 활발하게 일어나게 하는 가장 중요한 요소들이 마음껏 발산되게 되고, 꼭 특정한 훈련을 받아야 할 필요없이 평범한 그리스도인들 모두에게 적용할 수 있다. 곧 제자들의 내적인 열망을 건드리고, 영적 생활의 필수적인 부분에서 더욱 성장할 수 있도록 돕는 역할을 하는 것이다. LTG는 평범한 그리스도인들이 제자를 재생산해 내는 비범한 사역을 감당하도록 해 준다.

LTG는 두세 사람으로 구성되고, 모두 동성으로만 모임을 갖는다. 이들은 각자의 영적 성장과 발전에 대해 서로 책임감을 가지고 매주 한 번씩 모임을 갖게 된다. 모임 구성원은 세 사람 이상이 되어서는 안 되고, 네 사람일 경우에는 두 사람씩 두 개의 모임으로 배가하는 편이 바람직하다. 만약 세 명으로 구성된 모임에 새로 한 사람이 들어온다면, 새로운 모임을 시작하기 위한 임신과 출산을 준비 중이라고 생각하면 된다. 2~3주 정도가 지나면서 새로 온 사람이 믿음직하게 서 나가는 모습이 보이면, 모임은 두 사람씩 두 개의 모임으로 배가해야 된다.

LTG에 필요한 특정한 교육 과정이나 훈련 프로그램은 따로 없다. 참석자의 성경에 끼워 놓을 간단한 책갈피만 있으면 준비 완료다.

LTG 모임은 서로의 영적 성장을 책임지고자 하는 세 명의 제자들이 함께 모여, 지속적으로 성경을 읽어 나가고 자신의 죄를 고백하며 그리스도를 갈급해하는 다른 사람들을 위해 중보기도한다.

죄를 고백함

LTG 모임에서 먼저 해야 할 일은 서로의 영적 상황을 확인하는 질문서를 가지고 상대방에게 질문하는 것이다. 이 질문서는 LTG 모임의 성경 책갈피 한 편에 인쇄하도록 한다. 모임 때마다 언제나 이 질문서를 가지고 시작해야 한다. 그렇지 않으면 중구난방으로 이야기를 나누느라 목표를 잃고 시간을 허비하기 쉽기 때문이다. 먼저 자신의 죄를 정직하게 고백하면서 모임을 시작하게 되면 나머지 모든 시간들은 정결히 다듬어지게 된다. 질문의 내용은 무척 단도직입적이지만 한 사람씩 돌아가면서 정직하게 질문에 답한다. 참가자들 모두 정직하게 자신을 드러낼 수 있을 만큼 안전한 모임이 되어야 한다. 따라서 이성이 함께 모이는 것은 그리 효과적이지 않다. 질문서의 내용은 다음과 같다.

1. 지난 한 주 동안 예수 그리스도의 위대하심을 당신의 말과 행실로 증거했습니까?
2. 지난 한 주 동안 성적인 자극을 주는 매체물을 접했다거나 배우자가 아닌 사람에 대하여 부적절한 공상을 즐기도록 자신을 방관한 적이 있습니까?
3. 지난 한 주 동안 재정을 관리하면서 정직하지 못했다거나, 남의 것을 탐낸 적이 있습니까?
4. 지난 한 주 동안 당신의 가족들을 공경하고 이해하며 관대하게 대해 주었습니까?
5. 다른 사람의 면전에서 말로 상처를 주거나, 뒤에서 험담한 적이 있습니까?
6. 지난 한 주 동안 중독적인 행위에 빠진 적이 있습니까? 설명해 보세요.
7. 다른 사람에 대해 계속 분노를 쏟아 낸 적이 있습니까?
8. 자신의 유익을 위해서 다른 사람에게 재난이 닥치기를 은근히 기대한 적이 있습니까?
9. 당신이 개인적으로 맡은 부분에 책임을 다했는지 말해 보십시오.
10. 이번 주까지 읽기로 한 부분은 다 마치셨습니까? 하나님의 말씀에 귀기울였습니까? 그 말씀을 가지고 어떻게 실천할 것입니까?
11. 앞의 모든 질문에 정직하게 대답하셨습니까?

이 질문서는 이런 식으로 서로에게 질문해 가면서 자신이 고백해야 할 죄가 무엇인지 기억할 수 있도록 구성되어 있다. 이 질문서는 어느 누구라도 쉽게 적용할 수 있게 단순하면서도 전환이 용이하게 되어 있다. 지난 수년 동안 여러 가지 질문 내용을 가지고 연구하면서, 정기적으로 고백할 필요가 있는 죄의 전반적인 부분을 총망라할 수 있는 단순한 질문서를 개발했다.

하지만 이 질문 자체로 야기할 수 있는 위험성에 대해서 먼저 명확하게 설명하고 싶다. 중요한 사실은, LTG 모임에 참석하는 사람들이 단지 율법적인 사실보다는 이러한 시스템이 가진 정신에 따라야 한다는 점이다. 질문서가 의도하는 바는 서로 자신을 열어서 토의하고 나눌 수 있도록 하는 것이지 질문서 자체로 죄를 추궁하는 피곤한 작업이라던가, 진정한 의가 무엇인지 한정시키는 것도 아니다. 단지 질문서에 나온 행동들을 모두 지키는 것이 자신의 의를 확정 짓는 것은 아니다. 자신의 죄에 대해 수긍하고 이를 고백할 때에 의로움을 얻게 되는 것은 사실이지만, 질문서 자체가 의로움을 측정하는 완벽한 기준이 된다고 믿는 것은 무리다(마 5:17~20; 요 5:39~47). 우리는 예수님을 따라야 하는 것이지, 자신의 의를 추구하기 위해 질문서의 내용들을 따라야 하는 것이 아니다. 우리가 예로 들었던 질문들은 우리의 죄를 사하시는 유일하신 구원자 예수를 따를 수 있도록 돕기 위해 고안된 하나의 수단에 불과하다.

이 질문서 하나만으로 우리의 삶 가운데 온전한 의로움을 세울 수 없는 또 다른 이유는 바로 우리들 대부분이 이들 질문서만으로는 찾아낼 수 없는 새로운 죄의 방법을 찾아내는 데 뛰어난 사람들이라는 것이다.

이 질문서는 안전한 치유의 공동체 안에서 자신의 죄악을 고백할 수 있도록 죄의 유형을 발견하는 데 큰 효과가 있음이 입증되었다. LTG 모임은 각 개인이 자기 죄의 행동 유형을 극복할 수 있도록 서로를 책임지고 돌아볼 수 있게 하는 최상의 장소가 된다.

하지만, 똑같은 내용의 질문이라 하더라도 조금 다른 방법으로 시도할 수 있다. 나는 사람들에게 이 질문서를 각자 자신의 상황에 잘 맞도록 얼마든지 활용해서 쓸 수 있다는 점을 강조해 왔다. 어떤 사람들은 좀 더 개방적이면서도 다소 완화된 질문을 사용하기도 한다. 예를 들어, 내가 아는 어느 목사님은 자신의 LTG 모임에서 다음과 같은 방식으로 질문서를 활용한다.

1. 지난 한 주 동안 하나님은 어떤 식으로 당신에게 임재하셨습니까?
2. 하나님이 요즘 당신에게 가르치고 계신 것은 어떤 부분입니까?
3. 하나님이 말씀하실 때에 어떻게 반응하십니까?
4. 다음 한 주 동안 그리스도에 대해 나누어야 할 사람이 있습니까?
5. 특별히 고백해야 할 자신의 죄가 있습니까?

이들 질문들은 단순하면서도 융통성이 있는 내용이지만, 개인의 삶이 성령의 온전한 인도하심을 받을 수 있도록 자신을 열어 광범위하게 적용할 수 있게 해 준다. 처음에 소개했던 질문서가 가진 이점은 각자 고백해야 할 구체적인 행동들을 빛 가운데로 드러내 줄 수 있다는 점이긴 하지만 곧 잊어버리게 된다는 단점이 있다. 하지만 개인의 삶을 좀 더 구체적으로 살펴볼 수 있는 목록이다. 두 가지 질문서 모두 장·단점을 가지고 있지만, 적절하게 바로 적용하기만 하면 목표한 바를 성취할 수 있다.

책 뒤의 부록 부분에 좀 더 다양하게 활용할 수 있는 질문서들을 실어 놓았다. 여러분 각자에게 가장 알맞은 것으로 활용하기 바란다. 다만 나는 질문서 활용에 있어서 세 가지 정도 제안을 하려고 한다. 첫째, 여러분만의 질문서를 활용하되 모임에 참석한 사람 전체가 주변 다른 사람들에게 그리스도의 선하심을 거리낌 없이 간증할 수 있도록 도와주는 질문을 반드시 포함해야 한다. 물론 생활로 좋은 모범을 보여 주는 것 외에도 직접 입으로 증거하는 것도 포함되어야 한다. 또한 모임에 참석하는 사람들 개개인이 하나님의 말씀에 귀를 기울이고 이에 반응하는지를 물어보는 질문을 반드시 포함할 것을 권유하고 싶다. 마지막으로, 각자 자신의 죄를 고백하는 부분이 반드시 포함되어야 한다.

서로에 대해 책임감을 강화하고자 하는 목표는 단지 상대방의 죄를 다스리려는 것이 아니라, 자신의 죄를 고백함으로써 서로를 돌아보고 치유의 능력이 흘러나오는 투명하고 정직한 관계를 다져 나가는 것이다.

　죄를 고백하는 것은 하나님이 그 사람을 위해 준비하신 선한 일들을(요일 1:9) 감당할 수 있도록 영혼을 정결하게 씻고 준비하는 작업이다. 하지만 죄를 고백함으로써 모든 불의에서 우리 자신을 씻을 수는 있어도, 그 자체로 우리 안에 의로움이 되지는 않는다. 그래서 LTG의 두 번째 원칙이 참으로 중요하다. 바로 하나님 말씀의 섭취다.

말씀으로 심다

　LTG 시스템이 가진 능력은 하나님의 말씀이 사람들의 각 생활 가운데 자유롭게 역사하시도록 풀어놓는 데에 있다. 주님께서는 하나님의 말씀이 새로운 생명의 씨앗이 된다는 사실을 분명하게 말씀하셨다. "이 비유는 이러하니라 씨는 하나님의 말씀이요 좋은 땅에 있다는 것은 착하고 좋은 마음으로 말씀을 듣고 지키어 인내로 결실하는 자니라"(눅 8:11, 15).

　모든 모임에서는 성경말씀을 교재로 삼아 읽기로 한다. 때로는 성경을 본격적으로 읽어 나가기 전에 성경 읽기 계획표를 짜 두는 것도 도움이 된다. 계획표를 짜는 것은 사람들이 좀 더 두꺼운 분량의 부분을 반복해서 읽고 또한 전체적인 맥락에서 읽을 수 있도록 하기 위해서다.

　지속적으로 성경을 읽으려면, 먼저 매주 25장에서 30장 정도로 읽을 것을 강력히 추천한다. 읽을 부분이 에베소서나 요나처럼 매우 짧은 내용이면, 한 주에 4, 5번 정도 반복해서 읽도록 한다. 또는 고린도전서나 로마서처럼 보통 길이라면, 한 주에 두 번 정도 반복한다. 혹 잠언이나 계시록, 사도행전처럼 긴 내용의 책이라면 한 주에 한 번으로 한다.

그리고 창세기나 시편, 이사야와 같이 내용이 긴 책이라면 나눠서 읽도록 한다. 되도록 원래 나누어진 장·절에 맞추어 나누도록 한다. 나누어진 부분은 위에서 말한 것과 같이 반복해서 읽으면 된다. 즉, 창세기를 1~12장, 13~35장, 36~50장 등 세 부분으로 나눌 경우, 각 단락은 일주일에 두 번 정도 반복하면 된다. 또는 창세기를 각 25장씩 두 부분으로 나누어 일주일에 한 번 읽게 해도 된다. 특별히 정해진 틀이 있는 것이 아니라 일주일에 25장에서 30장씩 성경을 꼬박꼬박 읽는 것에 목표를 두는 것이다. 어떤 책은 각 장의 분량이 적으므로 한 주일에 좀 더 많이 읽을 수 있다. 예를 들어 시편의 경우에는 각 75편씩으로 두 부분으로 나누어 한 주에 한 부분씩 읽어 나가면 된다.

때로는 단락으로 나눈 부분을 반복적으로 계속 읽어 나갈 수도 있다. 우리는 마태복음 5장~7장(산상 수훈) 부분을 일주일 동안 7번을 읽었고, 그 안에서 참으로 놀라운 능력을 발견하게 되었다. 시편 119편도 그와 같은 방법으로 할 수 있고, 요한계시록 2장과 3장에서 예수께서 소 아시아 일곱 교회에게 쓰신 편지 부분도 그렇게 반복하면 좋다. 성경 읽기에서 중요한 점은 원래의 장절에 맞추어 단락을 나누는 것과 한 주일에 대략 30장 정도 읽을 만큼의 분량을 정하는 것이다.

그 다음 LTG 모임 때에는 숙제를 제때 해 왔는지 점검하며 질문한다(질문서 9번). 모임 가운데 한 사람이라도 읽어야 할 부분을 다 마치지 못했다면, 다시 한 번 똑같은 부분을 반복해서 읽는 것이 숙제가 된다. 모임에 참석하는 사람들 모두 동시에 읽기를 끝낼 수 있을 때까지 같은 부분을 계속 반복하게 되는 것이다.

모두 같은 주에 읽기를 끝내게 되면, 그 다음 주에는 새로운 부분으로 넘어가게 된다. 각자 돌아가면서 그 다음 주에 읽을 부분을 원하는 대로 선택할 수 있는 특권을 누릴 수 있다.

주어진 시간 안에 성경 읽기를 다 끝내지 못한 사람에게 실패했다고 말해서는 안 된다. 성경을 반복해서 읽으면 진리를 이해하고 적용하는 데 큰 도움이 되기 때문에 몇 주 더 걸려도 그 부분을 읽는 것이 서로에게 유익하다. 그렇기 때문에, 한 주에 읽을 수 있는 성경의 분량은 각자가 다 끝낼 수 있는 그 이상으로 정할 것을 제안한다. 만약 매주 정해 놓은 분량을 여유 있게 끝낼 만하다면 사람들은 정해 놓은 부분만 읽을 뿐이므로 좀 더 늘려야 할 필요가 있다. 매주 30장 이상을 읽는 모임이 있는데 매주 한 명도 빼놓지 않고 숙제를 해 온다면, 분량을 늘려야 한다. 이상적인 모습은 맡은 부분을 끝내기까지 평균 약 서너 주가 소요되는 모임이다.

내 경우를 보자면, 우리 모임 중 누군가 다 읽어 오지 못한 주에는 하나님께서 이 책을 통해 가르치고자 하시는 것을 아직 다 보여 주지 않으셨다고 느낀다. 그래서 우리를 위해 준비한 특별한 가르침이 있으리라 믿으며 더욱 많은 기대를 가지고 그 다음 주를 맞이한다. 그리고 그러한 우리의 기대는 한 번도 어긋난 적이 없다.

이렇듯 서로를 돌아보게 하는 형태의 시스템은 우리가 살고 있는 개별화되고 개인주의적인 사회 안에 새로운 바람을 불어넣는다. 서구 교회가 가지고 있는 가장 큰 약점은 영적 성장을 개인적이고 독립적인 입장으로 바라본다는 것이다. 동양 세계에서는 가족과 공동체에 대한 개념이 더 강하다. 소그룹을 기반으로 하여 사역이 배가되는 일들은 보통 공동체보다 개인을 우선시하는 서구와는 대조적으로, 공동체의 정신을 자연스럽게 체득한 문화권 안에서 일어난다는 사실은 흥미롭다. 이러한 문화적 특징은 교회의 모든 부분에 영향을 준다. 성경적인 형태로 만들어진 LTG 모임은 공동체를 중심으로 자연스럽게 운영된다. 우리는 함께 머물고, 함께 배워 가며 함께 성장해 나간다. 우리의 영적 성장은 자연적인 하나 됨 안에서 서로와 함께 일궈 나가는 것이다(엡 4:11~16). 우리는 다른 사람들의 성장에 마음을 기울인다. 곧, 나 자신을 사랑하듯 다른 사람을 사랑하는 법을 배우는 것이다. 나의 성장은 내 형제의 영적 성장과 직결되어 있다. 그 반대의 경우도 마찬가지다. 경건한 믿음의 동료들을 통해 서로의 영적 성장을 자극하는 것이다. 운동 경기 팀의 경우처럼, 각 선수들의 실력이 향상되면, 개인 혼자만이 아니라 팀 전체의 수준이 상승하는 것과 같은 원리다.

하나님께서는 언제나 하나님의 백성들이 하나의 팀을 이루어 성장해 가기 원하신다. 히브리서 10장 24~25말씀을 읽어 보자.

> "서로 돌아보아 사랑과 선행을 격려하며 모이기를 폐하는 어떤 사람들의 습관과 같이 하지 말고 오직 권하여 그날이 가까움을 볼수록 더욱 그리하자".

LTG 모임은 서구인들이 공동체의 진정한 모습을 배우는 첫 걸음이 될 수 있다. LTG 모임 안에서 공동체의 진정한 가치를 깨닫게 되면, 인생의 변화를 체험한 사람들의 삶을 토대로 더욱 든든히 세워 갈 수 있게 된다.

영혼들을 위한 전략적 기도

LTG 모임에서 성경 책갈피로 사용하는 카드의 한 쪽 면에는 책임에 관련된 질문서가 인쇄되어 있다(부록을 참조하라). 그리고 또 다른 쪽에는 전략적 기도 제목이 나와 있다. 성경을 펼 때마다 잃어버린 영혼을 위해 전략적으로 기도할 수 있도록 특별히 제작된 것이다(LTG 시스템에서 자주 사용된다).

LTG 모임에 참석하는 각자는 자기 마음에 부담감으로 다가오는 두세 명의 전도 대상자를 결정해야 한다. 모임 때에 사람들 앞에 그 대상자들의 이름을 나누고, 나누어 준 카드의 빈 칸에 그 사람들의 이름을 쓴다. 각 참석자들은 모임 때 들었던 총 6명의 이름을 모두 빈 칸에 적어야 한다. 그리고 각자 성경 읽기를 시작할 때마다 그 6명 가운데 한 사람을 선택해서 기도 인도 순서에 따라 기도하는 것이다. 이런 시스템을 사용하면 전략적 기도를 하기로 선택된 그 사람을 위해, 한 주일 동안 두세 사람이 두세 번 정도 기도하는 셈이 된다. 아래에 나온 전략적 기도 순서지는 매우 구체적이고 진보적이며 기도의 범위가 넓다. 모두 성경적인 기도의 원칙과 잃어버린 영혼에 대한 구원의 원칙에 따라 만들어진 기도다.

1. 주님, 주께서 ____를 주님께로 이끌어 주시기를 간구합니다(요 6:44).
2. ____의 마음 안에 주님을 알고자 하는 갈급함이 있기를 기도합니다(행 17:27).
3. ____가 하나님의 말씀을 듣고 주를 믿게 되기를 기도합니다(살전 2:13).
4. 사탄이 ____의 눈을 가려 진리를 보지 못하는 일이 없도록 주께서 막아 주시길 간구합니다(고후 4:4; 딤후 2:25~26).
5. 성령님, ____가 자신의 죄를 깨닫고 그리스도께서 그 죄를 사해 주시기를 간구합니다.
6. ____에게 복음의 소식을 전해 줄 사람을 보내 주시길 간구합니다(마 9:37~38).
7. 또한 저에게(그리고 내 동료들에게) 기회를 주셔서, 용기를 가지고 적절한 말씀으로 ____에게 진리를 나눌 수 있도록 해 주세요(골 4:3~6; 엡 6:19~20).
8. 주님, ____가 자신의 죄에서 돌이키게 해 주세요(행 17:30~31; 살전 1:9~10).
9. 주님, ____가 그리스도만을 신뢰할 수 있게 해 주세요(요 1:12; 5:24).
10. 주님, ____가 그리스도를 자기 인생의 주인으로 고백하고, 주를 향한 믿음을 기반으로 자라나서 주님의 영광을 위해 많은 열매를 맺을 수 있게 해 주세요(롬 10:9~10; 골 2:6~7; 눅 8:15).

잃어버린 영혼들을 은혜의 보좌 앞으로 데리고 오는 것은 모임 전체가 함께 수고해야 할 일이다. 하나님의 왕국 안에 새로운 영혼이 태어나는 모습을 보면서 그 과정에 중요한 역할을 담당했던 우리들은 더욱 기쁨에 겨워 춤추게 된다. 모임 전체의 기도의 결과로 그리스도를 향한 믿음을 갖게 된 사람들이 새로운 모임을 형성하게 되면, 배가는 자연스럽고도 자발적으로 일어나게 될 것이며, 그 안에서 모든 사람들은 기쁨으로 즐거움을 누리게 된다.

요점 정리

LTG 시스템은 단순하지만 강력한 힘이 있다. 공동체의 가치와 더불어, 삶의 변화와 제자의 재생산 양식이 통합되어 있다. 우리 교회에는 그리스도 안에서 성장하고 싶은 사람들을 위해 언제나 열린 공간이 준비되어 있다. 새신자들이 다음 번 회기 때까지 기다릴 필요가 전혀 없다. 또한 우리가 일일이 다 돌봐 줄 필요도 없다. 하나님이 허락해 주시는 대로 모두 받아들일 수 있을 만큼 신속하고도 쉽게 모임이 배가하기 때문이다. 교회들 안에서 일반적으로 드러나는 장애물도 우리에게는 아무런 제한을 주지 못한다. 개인적인 도움이 필요한 사람 어느 누구라도 도와줄 수 있을 만한 준비가 되어 있다고 확신한다. 만일 주께서 우리 교회 안에 수많은 회심자들을 보내 주신다 하더라도, 그들의 영적인 성장과 발전에 대해서 충분히 감당할 만한 준비가 되어 있는 것이다.

― 함께 정리해 보자 ―

1. LTG 모임은 일주일에 한 번 약 1시간 정도 만남을 가진다.

2. LTG 모임은 두세 사람으로 이루어진다(4번째 사람이 들어오는 것은 두 번째 모임이 시작되고 배가가 임박했다는 것을 보여 주는 것).

3. 동성끼리 모임을 가진다.

4. 특정한 교육 과정이나 교재, 훈련이 없다.

5. 모임 안에 리더가 꼭 필요하지 않다.

6. 다음의 세 가지의 과업만은 반드시 지켜야 한다.
   - 서로를 돌아보는 가운데 자신의 죄를 고백해야 한다.
   - 성경은 전체 맥락과 공동체 안에서 반복적으로 읽어야 한다.
   - 잃어버린 영혼을 위해 전략적이고 구체적이며 지속적으로 기도해야 한다.

제9장
LTG 시스템의 장점

현대 교회에 대한 비유

늘날 우리가 살고 있는 세계에는 소설보다도 더 황당무계한 현상이 빈번하게 일어나고 있으며, 이것은 서구 교회에 대한 끔찍한 비유로 사용되기도 한다. 그것은 야생의 다양한 동물 변종과 궁극적으로는 인간에게까지 영향을 미치는 기괴한 돌연변이 현상이다. 이러한 돌연변이 현상은 자세히 눈여겨 보지 않으면 그리 잘 드러나지 않는다. 하지만 생물계의 재생산 능력에 심각한 영향을 미치고 어떤 경우에는 멸종까지도 초래할 수 있다.

위의 이야기는 사실이라기보다는 TV 드라마처럼 들리기도 하지만 돌연변이 현상으로 인한 결과는 아주 끔찍하다. 지금은 환경주의자들 사이에서만 세계적인 중대사로 들썩이지만 사실 우리들 모두가 관심을 기울여야 할 문제다. 나는 단지 환경 문제 차원에서 이를 각성하자는 뜻으로 이 문제를 제기하는 것이 아니라, 오늘날 서구 교회들이 소멸되어 가고 메마르며 재생산의 능력조차 잃어버리고 있는 이유를 설명할 수 있는 적절한 비유로서 말하고 있는 것이다.

다음의 이야기는 로스엔젤레스 타임즈에 실린 "호르몬의 파괴가 몰고 온 불임증"이라는 글을 그대로 옮겨온 것이다. 이 기사는 1994년 10월 2일, 일요일자 신문에 나온 것으로 다음과 같은 부제가 붙어 있다. "야생계의 성적 혼란: 악어에서 갈매기에 이르기까지 이르는 성적 혼란은 환경 오염이 동물들의 호르몬을 파괴하기 때문일 수도 있다고 과학자들은 말한다. 수컷들 중에는 직접 알을 품으려는 놈들이 있고, 수컷과 함께 알을 까는 암컷들도 있다. 멸종의 위기에 몰린 종들도 있다."

기사의 내용을 살펴보자.

굽이쳐 흐르는 아포프카 호수에 사는 악어들 가운데 수컷은 거의 찾아보기 힘들다. 그렇다고 암컷이 많은 것도 아니다. 양성이거나 무성인 경우가 대부분이다. 최근 몇 년 동안 플로리다 늪지에서 이러한 야생계의 성적 혼란이 발견되고 있는데, 이러한 사실을 부인하는 과학자들이 이들 악어들을 대상으로 실험에 실험을 거듭하고 있지만, 관찰을 거듭할수록 성적 혼란 현상은 더욱 뚜렷이 드러나고 있다. 올란도 근교 교외에 자리잡은 이 드넓은 호수 전체를 아무리 뒤져봐도 제대로 된 성을 타고난 어린 악어를 찾아보기가 쉽지 않다.

세계의 다른 곳에 있는 어류와 조류, 그 밖의 다른 야생 동물군들 안에서도 이렇듯 기괴한 현상이 일어나고 있다. 암컷들은 에스트로겐이 과잉공급되는 데 반해, 수컷은 테스토스테론 수치가 감소하기 때문이라고 한다. 또는 양쪽 모두 양성의 기관을 가지고 태어나기도 하고, 수컷들 중에는 성 자체에 심한 문제가 생겨 직접 알을 품으려고까지 한다.

플로리다 대학의 야생 내분비학 연구팀의 팀 그로스 씨의 말이다. "모든 것이 엉망입니다. 이건 정말이지 소름이 끼칠 정도에요." 그가 속한 팀은 암컷화되어 가는 악어를 직접 발견했다. "솔직히 말해, 우린 정말 믿고 싶지 않았어요."

야생 생태 과학자들은 이러한 현상이 인공 구충제와 공업용 화학 물질이 자궁과 난자에 침입하여, 잘못된 신호를 보내거나 성을 결정짓는 호르몬의 생성을 방해한다는 설득력 있는 증거를 발견했다. 이것이 어미들에게는 영향을 주지 않으나, 배아의 성이 발달하는 데 있어서는 영향을 미치기 때문에, 몇몇 수컷들은 화학적으로 거세된 채로 태어나고 암컷들은 불임 상태가 되는 것이다. 이 현상이 그대로 가게 되면 그로 인한 결과는 가히 상상을 초월하게 된다. 수컷이 수컷의 모습을 갖추지 않고 암컷이 암컷의 모습을 갖추지 않으면, 이들은 재생산이 불가능하며 심지어 건강한 종족 보존은 한 세대에서 멈춘 채 결국 멸종하고 마는 종들도 있을 것이다.

내분비액 파괴자라고 불리는 이들 화학물질은 어미들에게는 아무런 해를 끼치지 않은 채 아직 태어나지도 않은 후세에게 큰 해를 미치는 엄청난 경고 대상이다.

WWF(세계 야생동물 보호 기금)의 수석 과학자 테오 콜본의 말을 들어보자. "이것은 기성복처럼 이미 만들어진 독극물과도 같습니다. 부모로부터 자식에게 자연스레 흘러가는 것이지요."

가장 문제가 되는 점은 이러한 변종이 육안으로는 쉽사리 구분되지 않는다는 것이다. 심지어 전문가들의 눈에도 건강하게 보일 정도다. 이러한 기괴한 성별 구조는 오로지 내부 생식기를 조사하거나 호르몬 검사를 통해서만 식별이 가능하다.

우리나라 85~90%의 여성들이 불임이거나 아이를 낳을 수 없다면 여러분은 어떤 생각을 할 것인가? 이 사람들의 건강을 염려하지 않겠는가? 이 나라의 미래를 걱정하지 않겠는가? 당연히 그럴 것이다. 그런데 오늘날 교회들의 85~90%가 새로운 교회를 낳지 못하는 불임 상태에 빠져 있는데도 왜 여러분은 이를 걱정하지 않는가?

오늘날의 교회는 아포프카 호수에 사는 악어와 비슷한 위기 상황에 놓여 있다. 겉으로는 건강해 보이겠지만, 재생산의 능력이 없는 것이다. 이는 다음 세대에까지 넘겨주어야 하는 교회의 생명력에 위협을 가하는 일이다. 이번 장에서 우리는 교회가 불임 상태인 이유가 무엇인지 알아볼 것이다. 그 이유는 바로 교회가 진정한 말씀의 씨앗이 아닌 대체물을 먹고 있기 때문에 엄청난 호르몬 파괴가 일어났으며 따라서 교회는 불임 상태가 되었다는 점이다.

LTG 시스템 안에서 볼 수 있는 단순하지만 의미심장한 요소들을 통해 예수 그리스도의 신부에게 건강과 다산을 회복시킬 수 있다. LTG 시스템 자체로 교회의 모든 문제를 해결할 수 있다거나, 모든 삶과 사역, 교회를 변화시키는 대행인 역할을 하는 것은 아니다. 어떠한 시스템이나 방법도 삶을 변화시킬 수 없다. 시스템 자체가 영혼을 거룩하게 해 주거나 갱생시켜 주지는 않는다.

촉매제라는 것은 광택제나 풀이 단단히 굳도록 직접 작용하는 재료가 아니라, 이미 존재하고 있는 재료들이 자신의 특성을 찾아가도록 가속화시켜 주는 역할을 한다. LTG 시스템 역시 변화를 가져오는 특성들을 모아, 서로의 긴밀한 관계 속에서 배가하고 성장하게 하는 촉매제의 역할을 한다.

다음은 단순하면서도 생산적인 LTG 시스템이 가진 여러 가지 장점들에 관한 내용이다.

LTG는 씨앗처럼 생긴 비슷한 것이 아니라 진짜 씨앗을 뿌림

한 번은 교회 개척에 있어서 아주 성공적으로 일하는 한 사역자와 이야기를 나누었다. 그는 교회 하나로 시작하지 않고 세 개의 자교회도 함께 개척한 사람이었다. 나는 그에게 "조그만한 밭이 하나 생겨서 거기에 농사를 지으려고 한다면, 먼저 어떻게 해야 되겠습니까?"라고 질문했다. 그는 "글쎄요. 나라면 먼저 밭을 갈아서 땅을 고르게 만들겠습니다. 그런 다음엔 비료를 듬뿍 주고 땅에 햇

볕이 충분히 들고 있는지 확인하겠지요. 마지막으로는 밭에 물이 충분히 뿌려졌는지 확인해야겠죠"라고 대답했다. 나는 계속 물었다. "그 다음은요?" "작물을 경작할 거에요. 그리고 잡초를 뽑아 주어야죠." "그 다음은요?" "이제 추수 때까지 기다리는 것만 남았겠지요." 나는 그에게 "지금까지 만들어 놓은 것은 그저 진흙 더미에 불과한 것 같군요"라고 지적했고, 그는 아차 싶었는지 무릎을 탁 치며, "아, 씨를 뿌려야 되는군요"라고 탄성을 질렀다.

의도한 바는 아니었지만, 이 젊은 목회자의 모습에서 현대 서구 교회가 저지르고 있는 실수가 무엇인지 그대로 엿볼 수 있었다. 우리는 씨 뿌리는 것만 빼고 뭐든지 다 하고 있는 것이다. 그가 경험했듯이 우리 역시 '아차' 하는 깨달음이 있어야 한다.

예수께서는 그 씨앗이 바로 하나님의 말씀이라고 명백하게 말씀하셨다. 씨 뿌리는 자의 비유를 보면 예수께서는 이렇게 말씀하신다. "씨를 뿌리는 자가 그 씨를 뿌리러 나가서…… 더러는 좋은 땅에 떨어지매 나서 백 배의 결실을 하였느니라…… 이 비유는 이러하니라 씨는 하나님의 말씀이요"(눅 8:5, 8, 11).

베드로도 동일하게 말하고 있다. "너희가 거듭난 것이 썩어질 씨로 된 것이 아니요 썩지 아니할 씨로 된 것이니 하나님의 살아 있고 항상 있는 말씀으로 되었느니라"(벧전 1:23).

우리야말로 인류 역사상 성경적으로 가장 많은 특권을 누리고 있는 세대다! 지난 인류 역사상 어느 세대보다도 더욱 다양한 성경 번역본을 가지고 있고, 유용한 성경 연구 자료도 많으며, 학술 자료들도 엄청나게 쌓여 있는 상황이다. 그렇지만, 동시에 역사상 엄청난 성경 문맹률을 보이는 세대기도 하다. 지금도 이 세계 다른 한 편에서와 다른 세대들 안에서는 하나님의 말씀을 자유롭게 읽기 위해 자신의 생명까지 기꺼이 드리는 일이 빈번히 일어나는데도, 우리가 사는 이곳 서구 사회에서는 읽어 보지도 않은 다양한 성경 번역본이 먼지에 쌓인 채 책꽂이 위를 가득 매우고 있다.

조지 바르너의 조사 결과는 오늘날 우리가 얼마나 성경 지식에 무지한지 가장 정확하고도 적나라하게 보여 주고 있다. 그가 밝혀낸 사실은 다음과 같다.

- 미국인 82%가 "하나님은 스스로 돕는 자를 돕는다"라는 말이 성경에 나온다고 믿고 있다. 그러나 그런 말은 성경에 나오지 않는다.

- 미국인 52%가 요나서는 성경에 포함되어 있지 않다고 생각했다. 하지만 성경에 포함되어 있다.

- 미국인 52%가 예수께서도 죄를 범했다고 믿고 있다.

- 미국인 58%는 산상 수훈을 설교하신 분이 예수 그리스도라는 사실을 모르고 있다. 굳이 공평하게 말하자면, 사람들은 예수님을 첫 후보자로 꼽았고, 빌리 그래험은 근소한 차이로 2등이 되었다. 해마다 조사를 거듭할수록 빌리 그래험에 대한 지지도는 올라가고 있다!

- 미국인 48%가 도마 복음이 성경에 포함된다고 생각한다. 더욱 끔찍한 사실은 그 가운데 12%의 사람들은 분명히 자기 성경책 속에 나온 도마 복음을 요즘도 읽고 있다고 말했다는 점이다!

- 미국인 12%(2천 5백만 명)는 실제로 노아의 아내가 잔다르크라고 믿었다.

사도행전을 읽어 보면 하나님의 말씀 그 자체로 교회의 성장과 확장을 가속화시킨다는 사실이 더욱 분명해진다.

교회가 자발적으로 확장되어 가는 데 있어서 하나님의 말씀의 능력이 역사하셨다는 사실을 깨닫기 위해 먼저 소아시아에서 일어난 교회 배가의 운동에 대한 누가의 이야기를 들어 보도록 하고, 그런 다음 교회가 전파되었던 경로를 거꾸로 짚어 가며 간략히 살펴보도록 하자. 하나님의 말씀이 불길처럼 타올라 새로운 생명과 열정을 불러일으켰고, 이는 그리스도 안에 있는 새로운 생명을 삽시간에 퍼뜨려 결국 로마 제국 전체를 정복하게 되었음을 보게 될 것이다.

> "이와 같이 주의 말씀이 힘이 있어 흥왕하여 세력을 얻으니라"(행 19:20).
> "이같이 두 해 동안을 하매 아시아에 사는 자는 유대인이나 헬라인이나 다 주의 말씀을 듣더라"(행 19:10).
> "일 년 육개월을 유하며 그들 가운데서 하나님의 말씀을 가르치니라"(행 8:11).
> "주의 말씀이 그 지방에 두루 퍼지니라"(행 13:49).
> "하나님의 말씀은 흥왕하여 더하더라"(행 12:24).
> "그 흩어진 사람들이 두루 다니며 복음의 말씀을 전할쌔"(행 8:4).
> "하나님의 말씀이 점점 왕성하여 예루살렘에 있는 제자의 수가 더 심히 많아지고 허다한 제사장의 무리도 이 도에 복종하니라"(행 6:7).

이처럼 교회가 확장되고 하나님의 말씀이 가진 능력이 무엇인지 성경에서 보여 주고 있으므로, 우리는 사도들이 "우리가 하나님의 말씀을 제쳐 놓고 공궤를 일삼는 것이 마땅치 아니하니"(행 6:2)라고 결론지을 수밖에 없었던 이유를 분명하게 이해할 수 있다. 늘어만 가는 제자들 틈에서 주의 말씀을 전파하는 중요한 사역 외에 다른 것으로 산만해지는 대신, "우리는 기도하는 것과 말씀 전하는 것을 전무하리라"(행 6:4)고 다짐한 것이다.

하지만 안타깝게도 오늘날 서구 교회는 가장 중요한 사역에서 벗어나 산만해지도록 스스로 방관하고 있는 상황이다. 서구 교회의 기독교 지도자들도 사도들이 내렸던 것과 동일한 결단을 내려야 할 때가 되었다. 자기 설교 준비를 위해 긴 시간 자신을 닫아놓고 있는 대신, 아무런 목적없이 그저 하나님의 말씀을 듣고 이에 순종하기 위해 많은 분량의 성경을 꾸준히 섭취하는 시간이 필요한 것이다!

마틴 루터가 우리 기독교인들을 위해 이루어 놓은 두 가지 큰 공헌이 있다. 하나는 모든 사람이 읽고 이해할 수 있는 성경과 또 하나는 모든 사람이 부를 수 있는 찬송가다. 마틴 루터는 "말씀과 찬양을 풀어놓자. 그 불꽃이 스스로 타올라 널리 전파될 것이다"라고 강조했다. 그 불꽃은 교회 초기 역사 안에서 널리 전파되었고, 역사를 거쳐 지금 이 시간까지 타오르고 있다. 우리가 그 사실을 믿고 말씀을 풀어놓기 시작한다면, 이와 동일한 일들이 우리 안에 일어날 것이다.

부흥의 불길이 교회들 안에 일어나고, 우리 사회에까지 역사하시는 모습을 보기 위하여, 우리는 먼저 '유용한' 성경공부 교재와 멋진 교회 성장의 이론들 대신 하나님의 말씀을 더욱 굳건히 붙들 필요가 있다. 지금까지 해 왔던 자기 방법은 내버리고, 모든 일에 뛰어난 하나님께서 직접 그 일을 행하시도록 하라. 이것이 바로 LTG의 두 번째 장점이다.

LTG는 회색 지대를 허락하지 않음

평신도 그리스도인들은 성경이 무엇을 말씀하시는지 그 뜻이 무엇인지에 대해 목회자들이 가르치는 내용에만 의존하고 있다. 미국의 그리스도인들 가운데 다수가 목회자들의 전문적인 도움이 없이 스스로 성경을 읽을 수 없다고 느끼고 있는 상황이다. 무엇보다도 심각한 것은, 그들이 성경말씀을 듣는 시간은 주일 예배 설교가 전부라는 것이다.

    나의 이 주장을 도무지 믿을 수가 없다면, 한 번 단순하게 사실만을 따져 보라. 교회에 다니는 대다수의 사람들이 성경을 스스로 읽거나 혼자서는 이해하지 못한다. 오늘날 미국에서 가장 많이 출간되는 번역판이 무엇인가? 단연 KJV(흠정역)이다! 그렇다면 오늘날 미국에서 사람들이 가장 많이 읽고 있는 번역판은 무엇인가? KJV가 압도적이다! 문제는 여기에 있다. 미 교육부에 따르면, 미국인의 51%만이 제대로 글을 읽을 수 있다고 한다. 그 말은 미국에서 반 정도 되는 사람들은 KJV판 성경을 제대로 이해할 수 있는 수준을 갖추고 있지 않다는 말이 된다. 조지 바르너의 통계에 따르면 미국 성인의 3/4은 자신의 집에 소장하고 있는 성경을 읽을 수가 없다고 한다! 따라서 하나님의 말씀을 이해하는 데 목회자의 말에 전적으로 의지할 수밖에 없는 것이다.

    목회자들도 그리스도인들과 하나님의 말씀 사이에 엄청난 단절을 초래하는 데 한몫했다. 의도하지는 않는다 해도, 목회자들은 하나님의 말씀을 이해하기 위해서는 반드시 목회자의 도움이 필요하다는 식으로 성도들에게 중요성을 강조했을 수도 있기 때문이다.

    본문의 뜻을 설명한다고 그리스어나 히브리어를 들먹거릴 때마다, 자신의 양들을 하나님의 말씀으로부터 더욱 멀리 밀어내고 있는 것이다. 결국, 성경의 원어를 모르는 평신도들은 어떻게 성경의 뜻을 이해할 수 있겠는가? 성경 원어는 목회자들이 혼자 공부할 때나 강의실에서나 사용할 수 있을 뿐, 강단에서 외치는 것은 아무런 이득이 없다.

    또한 목회자가 누군가 성경을 잘못 해석한 것을 꼬집어 공개적으로 웃음거리를 만들 때마다, 성도들은 '전문적인' 도움 없이 말씀을 이해하려고 굳이 애 쓰지 말자며 겁을 집어먹게 된다.

비록 의도하지는 않았다고 해도, 목회 사역을 하는 우리 같은 사람들이 성도들의 머릿속에 목회자의 도움 없이는 성경을 이해할 수 없다고 믿도록 세뇌시켜 놓고 말았다. 이렇게 함으로써, 우리는 스스로 그리스도인들을 하나님의 말씀에서 멀리 떼어놓은 '거짓 선지자'로 서게 된 것이다. 평신도들이 성경을 이해할 수 있다고는 믿지 않았기에, 평신도들은 자신이 말씀을 이해할 수 있다는 사실조차 믿지 못한다.

한번은 어느 젊은 목회자가 LTG 시스템에 대해 반론을 제기한 적이 있다. 그는 평신도들에게 올바른 '해석학'을 먼저 가르치지도 않고 성경을 읽게 하는 것을 못마땅하게 여겼다. 여기서 말하는 '해석학'이란 10달러짜리 신학 용어로 성경을 올바로 해석할 수 있는 능력을 의미한다. 그의 지론은 평신도에게 성경을 연구하는 법을 먼저 훈련시키지 않은 채, 무조건 성경을 그들 손에 쥐어 주는 것은 위험하다는 것이었다. 그런 식으로 성경을 읽다 보면, 성경을 잘못 해석하도록 방관하게 되고 결국 교회 안에 이단만 생겨나게 된다는 것이었다. 과연 그가 말하는 잘못된 해석이란 자신이 보는 바와 다른 해석을 말하는 것은 아닌가 따져보고 싶은 마음은 굴뚝 같았지만, 겨우 참았다.

나는 그 목사에게 이렇게 질문했다. "우리가 배우는 해석학이란 사실 하나님의 말씀을 효과적으로 이해할 수 있도록 인간이 개발한 시스템입니다. 그렇지요?" 그 목사는 "그렇죠. 우리 모두는 아무런 도움 없이 하나님의 말씀을 이해하기에는 심하게 부패되고 뒤틀린 무능한 존재들이기 때문에 필요한 것이죠"라고 대답했다. 나는 그 말에 동조하며 더욱 강조했다. "예, 우리는 도움이 필요한 존재들입니다. 하지만 가장 효과적인 도움을 받는 것은 무시하는 경향이 있죠. 목사님은 해석학이라는 시스템의 도움을 받아야 한다고 믿으시는지 몰라도, 나는 성경의 저자이자 교사이신 성령님의 도움이 최고라고 믿는 사람입니다." 그리고 다시 한 번 질문을 던졌다. "목사님은 성경을 이해하기 위해서 인간의 손으로 만든 시스템을 믿든지, 아니면 성경의 저자이시며 성경 안에 내주하시는 성령의 도움을 믿든지 둘 중 하나를 선택하라고 나에게 말씀하시는 건가요? 목사님 같으면 하나님을 의뢰하는 대신 타락하고 뒤틀린 인간의 손으로 만든 시스템을 선택하겠습니까? 목사님은 지금 성경의 거룩한 저자 대신에 타락한 인간과 그의 시스템을 신뢰하는 편을 택하려고 하십니까?" 그 목사는 장시간 침묵을 지키더니 마침내 입을 열었다. 사실 그것은 나의 질문에 대한 대답은 아니었고, 그저 못마땅한 듯 내뱉다시피 말했다. "솔직히, 나는 그 말을 인정하기 싫습니다. 나중에 나에게 다시 묻는다면 분명 부인할 겁니다. 하지만 목사님은 분명히 저보다는 순수한 성경론자시로군요." '순수한 성경론자'라…… 내가 지금까지 받아본 최고의 찬사 중에 하나일 것이다.

그렇다면 지금 나는 성경을 이해하기 위해 해석학을 사용할 필요가 전혀 없다는 말을 하고 있는 것인가? 그런 것을 사용하는 것은 믿음이 부족하기 때문이라는 말을 하려는 것인가? 결코 그런 것이 아니다. 나는 혼자 성경을 공부할 때나 사역 안에서 훈련시키는 사람들을 가르칠 때면, 성경의 해석을 위한 적절한 원칙을 적용하는 데 노력을 아끼지 않는다. 다만 적절한 훈련의 시기가 관건이 된다. 나는 다른 사람들을 가르치는 책임을 맡은 사람들에게는 성경 해석의 적절한 기술을 가르친다. 그렇지만 그 사람들도 지도자 훈련을 받기 전까지는 LTG 모임 안에서 하나님의 말씀을 읽으면서 하나님의 음성을 듣는 훈련을 오랫동안 받았다. 우리가 성경을 다른 사람들에게 가르쳐야 하는 책임을 맡을 때에야 성경 해석학이 그 중요성을 발휘하는 것이다. 성경을 읽으면서 성령이 자신의 삶 속에 계시하시는 말씀을 깨닫는 법을 깨달은 사람들이 해석학의 원칙을 배우게 되면 훨씬 쉽게 이해한다는 사실을 볼 수 있었다. 성경말씀을 읽는 과정 동안 이미 성령께서 많은 것을 깨우쳐 주셨고 또 일반적인 사리 분별력도 잘 사용했기 때문에, 대부분의 경우 해석학을 배우면서도 상당 부분이 이미 자신이 배운 바라는 사실을 알게 된다.

우리를 자유롭게 해 주는 한 가지 사실은 성경을 읽고 생활에 적용하기 위한 진리를 도출하기 위해서 성경의 모든 글자나 모든 구절을 자로 잰 듯 정확하게 해석할 필요는 없다는 것이다. 나 역시 성경을 읽어 나가면서 확답보다는 의문을 품었던 적이 더 많다는 사실을 고백해야겠다. 하지만 그 사실이 성경의 오류성을 입증한다거나 내가 말씀에 대해 책임감이 없음을 말해 주는 것은 아니다. 단지 하나님의 말씀이 가진 풍성함의 더 깊은 수준으로 빠져야 하는 나의 모습을 보여 준 것뿐이다. 하지만 내가 말씀에 대한 의문을 품었던 시간들마다 이와 관련된 진리의 말씀들을 나에게 개인적으로 보여 주셨다는 사실을 강조하고 싶다. 또한 몇 년이 지난 후에 그 해답을 찾는 경우도 있었다. 이제는 다 낡아서 너덜거리는 오래된 쪽지 위에 깨알같이 적어 놓았던 의문점들이 지금은 대부분 답을 찾게 되었고, 또한 새로 빽빽하게 적어놓은 질문들도 벌써 그 답을 찾게 되었다는 사실을 깨달았다! 이 모든 것들을 통해 나는 말씀을 배우는 사람임을 알게 되었고, 또한 일평생 배우는 사람이 되는 것이 나의 소망이기도 하다! 초기 교부들이 성경을 이렇게 표현한 적이 있다. "성경은 물에 빠질 두려움 없이 어린아이도 첨벙거릴 수 있을 만큼 얕기도 하지만 신학자들이 아무리 깊이 잠수해도 그 바닥을 헤아릴 수 없을 만큼 심오하다". 성경을 읽을 때마다 그 안에 있는 모든 내용을 모조리 이해한다고 말할 수 있는 사람이 과연 누구인가? 이러한 태도는 순전한 기독교를 모독하는 교만함에 이르게 한다.

그런데 우리는 그리스도인과 하나님의 말씀 사이에 중개인을 배치해 두었다. 예를 들어, 우리는 제일 먼저 소책자를 통해 복음의 말씀을 접하게 된다. 그리고 그리스도를 구주로 영접하고 난 뒤에는 새로운 생명이 무엇인지 공부할 수 있도록 성경구절을 적어 넣는 빈칸 채우기 성경공부 책자를 받는다. 그런 후에는 성경이 우리에게 하시고자 하는 말씀이 무엇인지 해석하기 위해 성경공부용 성경책을 구입한다. 그런 다음엔 성경 자체보다는 성경에 대해 설명하고 있는 책들을 읽으며 신학 훈련도 받는다. 하나님의 순수한 말씀을 소화하는 대신, 저자의 생각과 입술을 거쳐 이미 다 소화되어 버린 영적 음식을 받아먹는 것으로 끝마치게 되는 것이다. 이미 소화된 음식 안에도 다소간의 영양분이 남아 있을 수도 있고 때로는 유용하게 쓰이기도 하겠지만, 자신이 직접 음식을 먹는 것보다는 훨씬 재미가 떨어진다. 사람들이 성경을 그리 즐겨 읽지 않는 주된 이유 가운데 하나는 성경이 재미없다고 생각하기 때문이라고 나는 확신한다. 사람들은 성경말씀도 미리 다 소화된 음식 맛이나 별반 다를 것이 없다고 생각하지만 그것은 오산이다! 온 우주를 창조하신 하나님이 여러분의 삶과 환경에 대해서 여러분에게 직접 말씀하시는 것을 듣는 것만큼 놀라운 일이 이 세상에 있을까.

히브리서 기자는 편지를 읽는 사람들이 단단한 음식을 먹을 수 있어야 함에도 불구하고 우유나 마시는 어린아이 수준에 불과하다고 말했다(히 5:11~14).

저자가 말하는 우유와 단단한 음식이 무엇을 의미하는가에 대해서는 설명이 다양하다. 저자는 이에 대해 더 깊이 있는 가르침을 주고자 했겠지만, 나는 다른 사람들이 말하는 잡다한 내용에 의지하기보다는 먹는다는 말 그대로를 받아들이는 편이 낫다고 생각한다. 그렇다면 우유는 무엇인가, 다른 사람이 주는 미리 소화된 음식이 아닐까? 엄마는 음식을 섭취하고 여러 과정을 거친 다음, 자기 생존을 위해 엄마에게 절대적으로 의존하는 아이에게 전달해 준다. 저자는 자신의 편지를 읽는 사람들이 이제는 말씀을 가르치는 선생이 되어야(우유 공급업자)

하는 데도 여전히 다른 사람에게서 우유나 받아마시는 사람에 머물고 있다고 훈계했다. 명심하라. 아무리 좋은 교재와 도움이 있더라도 하나님께 직접 나아가 그분의 음성을 들어야 하는 것이다.

혹시라도 나의 말을 오해하지 말기를 바란다. 목회자나 하나님의 사람들을 무시해도 좋다는 이야기를 하고 있는 것이 아니다. 오히려 그 반대의 의견을 말하고 있는 것이다. 문제는 다양한 교재와 가르침으로 그리스도인들을 교육시키려했던 모든 노력도 결국 실패로 돌아갔다는 것이다. 그 이유는 하나님의 사람들이 하나님의 말씀을 제대로 모르고 있는 경우가 많기 때문이다. 실패의 근본적인 문제는 그들에게 생각하는 방법을 가르치는 대신 생각해야 할 내용을 가르치려고 했던 것이라고 나는 확신한다. 우리는 하나님의 말씀과 하나님의 백성들 사이를 가로막고 있는 장벽들을 제거하고 그 둘이 만났을 때에 어떠한 일이 일어나는지 직접 두 눈으로 지켜보아야 한다. 어느 세미나에서 만난 교수님의 말이 생각난다. "하나님의 말씀이 가려진 곳에서는 하나님의 역사가 나타나지 않는다."

한때 성경말씀은 성스러운 언어에 능통한 선택된 성직자들만이 읽을 수 있었던 시기도 있었다. 우리는 그 시기를 중세 암흑기라고 부른다. 이제는 교회 안에 새로운 개혁이 일어나고 하나님 말씀의 진리를 깨달아야 할 시간이 되었다.

우리의 잘못은 제자 훈련하는 데 중개인을 배치해서 진짜 씨앗 대신 인조 씨앗을 건네주었고, 이로 인해 다음 세대가 큰 해를 입게 되었다. 인조 씨앗은 겉보기에는 진짜와 거의 똑같고, 심지어 자신이 진짜인 것처럼 으스대기도 하지만 결국엔 제자들을 혼란에 빠뜨리고 만다. 인조 씨앗은 진짜 씨앗과 그 차원이 다르다. 호르몬 파괴자의 이야기처럼, 우리는 의도하지는 않았지만 다음 세대를 불임 상태에 빠뜨리고 있다. 비록 겉으로 보기에는 건강해 보이지만, 재생산의 능력이 없게 만들고 있다.

원본을 복사하면, 복사본이 원본보다 약간 질적으로 떨어지기 마련이다. 4번째 복사본의 경우라면 원본에 비해 더욱 큰 질적 차이를 보인다. 복사를 거듭할수록 품질은 더욱 떨어지며 결국에는 원본과는 다른 모습을 나타내기까지 한다. 이전 것을 새롭게 복사할 때마다 새로운 복사본 자체의 결점뿐 아니라 이전 복사본의 모든 약점들까지 다 떠안게 되고 만다. 이렇게 되지 않으려면 오로지 원본에서 복사하는 수밖에 없다. 이 방법만이 새로운 복사본의 결점을 최대한 완화시키고 원본과 가장 가까운 모습을 유지할 수 있는 길이다. 최고의 복사본이란 원본과 가장 가까운 모습을 지닌 것을 의미하고, 원본이란 이 세상에 단 하나밖에 존재하지 않는 법이다.

제자들과 지도자를 재생산하는 것도 원본과 복사본과의 관계와 같다. 다음 세대가 주님의 흠없는 아름다움을 간직하고 이를 드러내려면, 곧바로 주님과 연결되어야 한다. 각 세대가 원본 그 자체이신 주님 대신 주님의 복사본을 가지고 흉내만 낸다면 양쪽 세대의 결점 모두 그대로 드러나게 된다. 예수께서는 제자가 스승보다 나을 수 없지만, 스승과 같기만 해도 잘하는 것이라고 하셨다(마 10:24~25). 다음 세대들이 계속 스승보다 못하게 된다면, 결국 제자와 스승의 질적 수준은 세대를 거듭할수록 떨어지게 된다. 하지만 제자가 주님을 자신의 스승으로 삼아 배울 수 있다면, 제자의 질적 수준은 언제나 높게 유지할 수 있다. 사실 이러한 시나리오로 보자면, 제자가 주님을 자신의 스승으로 삼아 따르게 된다면 인간인 스승을 따르는 것보다도 훨씬 큰 영향력을 가진 사람이 될 수 있다는 것이다.

바울은 자신에게 훈련시키는 사람들이 마땅히 주 예수 그리스도를 최고의 스승으로 따라야 한다는 사실을 이해하고 있었다. 그는 자신의 제자들을 말씀 가운데 들어가게 하고, 말씀이 그들 안에 들어가게 함으로써 그들이 권능을 입도록 했고, 단지 바울 자신을 따르는 추종자가 아니라 곧장 주님을 따르는 제자가 될 수 있게 한 것이다. 제자들이라면 반드시 각자 독특한 모습 안에 그리스도의 아름다움과 순결함과 그 형상을 드러내야 당연하다. 바울 역시 한 분 스승이신 예수 그리스도의 모습을 닮은 제자였고, 그의 제자들도 한 분이신 예수 그리스도라는 스승과 곧바로 연결되어야 할 필요가 있었다. 이후 바울은 에베소에서 만난 소아시아 교회의 지도자들에게 작별 인사를 고하면서 이 중요한 진리를 다시금 상기시켰다. "지금 내가 너희를 주와 및 그 은혜의 말씀께 부탁하노니 그 말씀이 너희를 능히 든든히 세우사 거룩케 하심을 입은 모든 자 가운데 기업이 있게 하시리라"(행 20:32). 따라서, 이후 그들이 다른 사람들을 제자로 삼을 때에도 같은 방법으로 행할 수 있었다.

만약 한 제자가 자신을 가르치는 스승 한 사람을 기쁘게 할 수 있는 방법으로 인생을 사는 법을 배운다면, 그리스도인으로서의 그의 삶은 주님의 능력을 드러내지도 못할뿐더러, 그리 오랜 시간 지속되지도 못할 것이다. 또한 그가 자기 자신과 똑같은 모습을 가진 제자를 만들어 낸다면, 그 제자들은 자기 자신의 약점뿐만 아니라 이전 두 세대의 스승들이 가졌던 약점 역시 고스란히 물려받게 되는 악순환을 겪게 된다.

오직 한 분 스승이신 예수께로 그의 제자들을 이끌고자 했던 바울의 노력에도 불구하고 몇 명의 사람들은 결국 주님으로부터 돌아서게 되었다. 바울이 마지막 인사차 사람들을 방문하던 당시 함께했던 것으로 추정되는 부겔로, 허모게네라는 아시아인들은 바울을 버리고 상당수의 제자들까지 선동하여 떠나 버렸다(딤후 1:15). 데마와 심지어 그레스게와 디도까지도 바울을 버리고 자신의 부르심을 세상과 타협해 버렸다(딤후 4:10). 주 예수님께서도 제자인 가룟유다를 잃어버리셨으므로, 우리도 몇 명 제자들로 인해 실망하게 될 것은 어쩌면 당연한 일일 것이다.

하지만 진정한 스승이신 그분께로 곧장 연결해 줄 수 있다면 이러한 실망들은 엄청나게 줄어들 수 있을 것이다. 하나님을 바라고 '그 은혜의 말씀'을 소망하는 가운데 그분과 연결되면 우리는 말씀의 힘을 얻어 더욱 거룩해진다(요 17:17). 어찌보면, 하나님의 말씀은 우리 스승의 성품과 행하신 일을 계시하는 문서와도 같으므로, 우리 자신의 성품과 행동도 그에 따라 바뀌어 가는 것이다. 우리들 각자가 주님을 기쁘게 하는 것을 최대의 목표로 삼는다면, 하나님 외에 우리를 지켜보는 이가 아무도 없더라도 의로운 삶을 살 것이다. 이것이야말로 완주하기까지 달음질을 쉬지 않게 하는 유일한 동기부여가 되는 것이다(딤후 4:1~8)!

LTG는 영적 성화 과정과 복음 사이에 조화를 이룸

우리는 지금까지 불법적인 이혼을 자행해 왔다! 우리는 '복음'을 '제자훈련'에서 분리시킴으로써 하나님이 하나로 만들어 놓으신 것을 멀찍이 떼어 놓고 있었다!

프렌즈 사우스웨스트에서 교회 개척 사역 책임자로 일하는 내 친구 스탠 리치는 복음과 제자 훈련이 비행기의 양 날개처럼 함께 가는 것이라고 설명한다. 어느 한 쪽이라도 없으면 날 수가 없다. 그 두 가지를 분리시키면 결국 비행기는 추락하여 불길에 휩싸이고 만다.

구원은 평생의 과정이다. 단순히 구원의 첫 번째 법칙을 읽기 시작해서 네 번째 법칙까지 기도로 마친다고 해서 주어지는 것이 아니다! 나는 어린이용 공상 영화인 '네버 엔딩 스토리'(끝이 없는 이야기)를 좋아한다. 이 영화는 내용이 끝나고 마지막 헌사가 나오기 직전에 자막으로 '영화 끝'이라고 쓰는 대신 '시작'이라고 쓴다. 진짜 모험은 이제 막 시작된 것이다! 얼마 전에 '네버 엔딩 스토리 4'가 개봉되었는데, 우리도 그 영화가 말하는 식으로 구원을 이해할 수 있을 것 같다. 결혼도 이와 비슷해서, 우리가 결혼 서약을 하면 약혼 관계는 끝이 나더라도 결혼 관계는 그제야 비로소 시작되는 것과 마찬가지다! 여러분이 예수께 대한 헌신의 기도를 하는 순간, 구원의 최정점에 이른 것이 아니라 구원의 시작점에 선 것이다!

복음은 단지 믿지 않는 사람들을 위한 것이 아니라, 그리스도인들을 위한 것이기도 하다. 믿는 자들의 구원을 위한 하나님의 능력이다(롬 1:16). 사실 우리들 자신이 십자가를 심각하게 받아들이지 않는 한, 비그리스도인들이 십자가를 진지하게 받아들일리 만무하다고 생각한다! 단지 한 번 정도 십자가의 복음을 맛보는 것만으로는 충분하지 않다. 잃어버린 영혼들을 예수께로 끌어오기 위해서는 먼저 우리 자신이 복음의 맛을 충분히 느껴야 한다. 우리가 복음의 참 의미를 느낄수록 믿지 않는 영혼들도 복음의 맛에 매력을 느끼며 예수께로 돌아올 것이다. 그런데 우리 자신도 지루해하면서 안 그런 척하며 비그리스도인들을 바라본다고 복음에 흥미를 느낄 만한 이유가 있겠는가? 우리도 복음의 필요성을 전혀 못느끼는데, 그들이라고 복음의 당위성을 깊이 느낄 수 있겠는가?

구원이란 화재 보험이나 천국 입장권 예약을 말하는 것이 아니다. 구원이란 변화된 삶이다. 구원이란 그 모습이 변해 가는 것이다. 갱생이란 우리의 삶 속에 역사하시는 성령님의 지속적인 활동이다. 그러므로 각자 매년 해를 거듭해 갈수록 그리스도를 닮아 가는 모습이 있어야 하는 것이다. 또한 우리의 삶이 올해보다는 내년에 더욱더 많이 그리스도의 은혜와 진리의 모습을 드러내야 하는 것이다.

구원의 길을 걷기 시작했던 초기 몇 년보다도 지금 현재에 더욱 나의 십자가를 지고 예수를 따를 수 있어야 한다. 자유를 향한 나의 소망은 여전하다. 시간이 지날수록 거룩과 변화에 대한 나의 갈망도 더욱 강렬해진다. 나보다도 훨씬 오랜 시간 하나님과 동행하며 믿음의 삶을 살았던 빌리 그레험이 했던 말이 있다. "천국에 더 가까이 다가갈수록 내 자신이 지옥과 같다는 사실을 깨닫게 된다."

신학자들은 이와 같은 구원의 과정을 성화라고 정의한다. 특별한 목적을 위해 구별된다는 의미다. 이 말은 우리가 천국에서 갖추어야 할 모습, 곧 그리스도와 닮은 모습에 다다르기 위한 과정 중에 있다는 뜻이다. 우리가 진실로 하나님께 더 가까이 나아가고 그의 거룩함에 더욱 다가가게 되면, 우리 육체의 실체를 더욱 분명히 인식하게 된다. 그리스도의 모습을 닮아 갈수록 자신의 죄를 더욱 민감하게 느끼게 된다.

사실 구원의 과정에는 역설적인 면이 있다. 보통 우리가 그리스도의 형상을 닮아 갈수록 우리의 죄는 줄어들고 따라서 복음에 대한 절실함도 줄어들 것이라고 생각하지만, 이러한 추측은 틀린 것이다. 물론 순종의 삶을 살아가면서 실제로 죄를 짓는 모습은 줄어들어야 하겠지만, 동시에 우리의 삶을 지배하는 강한 죄성을 깊이 인식해야 하는 것이다. 따라서 우리는 우리를 위해 희생 제물이 되신 구원자 예수께서 우리의 삶 속에서 지속적으로 역사하시는 능력에 더욱 간절히 의지해야 한다.

바울이 자기 자신을 표현하는 말을 시간이 지날수록 바꾸는 것은 참으로 흥미로운 사실이다. 바울의 초기 서신을 보면 그는 자신을 '지극히 큰 사도들보다 조금도 부족하지 아니하다'고 언급한다(고후 12:1). 이후에는 '모든 성도 중에서 지극히 작은 자'라고 표현한다(엡 3:8). 그리고 그의 후기 서신서들을 살펴보면 그는 자신을 '죄인 중에 괴수'라고 부른다(딤전 1:15). 그렇다면 바울은 시간이 지날수록 더욱 죄를 짓고 불순종했다는 말인가? 물론 그렇지 않다. 주님을 더욱 닮아 갈수록 예수님의 완전한 빛 가운데서 자신의 연약한 모습을 더 적나라하게 발견하게 되었다는 말이다. 자세히 뜻을 헤아린다면 처음 시작했을 때보다는 그의 인생의 말기에 복음의 필요성을 더욱 깨닫게 되었다는 말이다.

구원이란 먼지가 풀썩이는 전도용 텐트 바닥에서 결신 기도를 하는 이상의 것임을 깨달아야 한다. 구원이란 우리 존재의 상태다. 또한 우리의 목적지이기도 하다. 교회 강단이나 쪽복음, 전도 단체들이 대량으로 나눠 주는 상품이 아니라는 것이다.

물론 거대한 전도 집회들이 맡고 있는 전략적 역할이 있다. 그리고 언제나 하나님의 도구로 쓰임을 받았고 또 앞으로도 그럴 것이다. 하지만 그들의 그러한 활동만으로 사람들의 삶이 변하거나 부흥을 일으키기에는 역부족이다. 전도 집회나 프로미스 키퍼(Promise Keeper: 경건한 남성의 순결한 모습을 서약하는 기독교 운동 - 역자 주)와 같이 대단위로 개최되는 행사들을 통해 사람들은 그리스도를 따를 것을 결단하지만, 내가 지금까지 주장한 것처럼, 이것은 평생의 과정으로 지속되는 구원을 향한 첫 번째 발걸음일 뿐이다.

요한 웨슬리도 야외에서 하루에 2만여 명의 사람들을 대상으로 설교를 했다. 단지 자신의 성대와 튼튼한 폐 기능에 의지해서 말이다. 하지만 그가 선포한 복음은 엄청난 파급 효과를 몰고 왔다. 사람들은 자신의 죄를 회개하며 울부짖었고 구원을 갈망했다.

그렇지만 요한 웨슬리는 전도 집회를 단지 잃어버린 영혼을 구원하기 위한 도구로 사용한 것이 아니다. 대중 설교 사역은 사람들에게 자신이 구원받아야 할 존재임을 어느 정도 인식하게 하는 역할을 할 뿐이라고 생각한 웨슬리는, 사람들을 소그룹 단위로 모아서 서로를 돌아보는 가운데 거룩함을 체험할 수 있도록 했다. 그리고 그는 작은 성경공부 모임을 통해서 하나님 앞에 서 있는 영혼들이 정결하게 된다고 확신했다. 이 사실을 굳게 믿었기에, 웨슬리는 이러한 작은 모임을 구성하지 않고서 복음을 전하는 것은 오히려 해가 된다고 느꼈다.

웨슬리는 "할 수 있는 한 많은 곳에서 복음을 전파하라. 할 수 있는 한 많은 수의 성경공부 모임을 시작하라. 새로운 성경공부 모임을 시작하지 않고서 복음을 전파하지는 말라"고 했다. 조지 헌터가 쓴 『복음의 능력 전파하기: 웨슬리 교파의 교회 성장』의 내용 중에 이런 말이 있다.

> 요한 웨슬리는 구원받은 사람들로 구성된 작은 소그룹 모임을 시작하지 않고서 단지 사람들의 영혼을 일깨우는 것은, 유익이 되기보다 오히려 해가 된다는 사실을 깨닫게 되었다. 1743년 초에 쓴 그의 일기를 보면 이렇게 적혀 있다. "악마가 간절히 원하는 것은 바로 이것이다. 어느 지역이든 상관 없이 영혼이 반쯤 일깨워진 사람들을 붙들어 다시 깊은 잠에 빠지게 하는 것 말이다. 하나님의 은혜로 이 사실을 깨닫고 난 뒤 나는 이렇게 결정했다. 계속 사역할 수 없는 지역에서는 어설픈 일격을 가하지 않기로 말이다."

요한 웨슬리가 우리에게 보여 주는 사실은 삶이 변화되기 위한 중요한 요소는 서로를 책임지고 돌아보는 친밀한 관계이지 좋은 훈련을 받은 지도자들에게 의존하는 것이 아니라는 것이다. 요한 웨슬리가 시작한 작은 성경공부 모임은 점차 배가했고, 거대한 전도 집회 사역도 이와 함께 발맞춰 나가게 되었다. 이러한 시스템의 효과는 아주 컸고 더욱 많은 사람들이 그리스도께로 돌아왔으며 교회의 모임에 참여하게 되었고, 요한 웨슬리의 생전보다 그의 사후에 더욱 많은 교회들이 시작되었다. 놀라운 것은 그의 영향력은 살아 있을 때뿐 아니라, 지금까지도 살아 숨쉬고 있다는 사실이다.

그런데 오늘날 복음 전파 상황은 어떤가? 어쩌면 사람들이 자신의 죄를 인식하도록 일깨운 다음 이를 책임질 아무런 대처 방안도 제시하지 않은 채 그들을 방치함으로써 오히려 그들에게 해를 끼치고 있는지도 모른다. 복음도 아무런 효과가 없다고 생각하며 '한때 시도해 봤던' 과거의 것으로 치부한 채 더욱 닫혀진 마음으로 옛 생활로 되돌아가고 있는 것을 보면 오늘날 여러 지역에서 일어나는 전도 집회를 통해 교회에 참석하는 사람들이 고스란히 받고 있는 가슴 아픈 결과가 무엇인지 보여 주고 있다.

원인을 찾아보자. 그것은 전도를 위한 노력은 다 했으나, 진정한 구원의 과정을 무시했기 때문에 일어난 안타까운 결과다. 조지 바르너에 따르면 그리스도를 따르겠다고 결단한 사람들 가운데 대다수는 8주 정도가 지나면 더 이상 교회에 출석하지 않는다고 한다. 부분적인 원인으로는 우리가 구원의 진정한 의미를 이해하지 못해서 복음의 뜻과 능력을 싼값에 팔아치우기 때문이다. 믿지 않는 사람들이 우리의 삶 속에 나타나는 복음의 능력과 역할을 보게 된다면, 그들 역시 이를 갈급하게 될 것이다. 그들 스스로 우리에게서 복음을 들으려 하기 이전에 먼저 우리 안에서 그 능력을 보아야 가능한 것이다. 도날드 소퍼는 이렇게 말했다. "다른 이들에게 특별한 의미로 다가오기 이전에 우리 자신에게 전부로 다가와야 하는 것이 기독교다."

나는 아시시의 프란시스가 했던 말이 참 마음에 든다. "꼭 말로 표현을 해야 할 경우에만 복음의 말씀을 설교하라."

현 상황에서 보듯이, 일반적인 그리스도인들은 자신의 영적인 개발에 있어서 복음과 전도를 조화롭게 받아들이는 경우가 그리 많지 않다.

- 조지 바르너 리서치 팀에 따르면, 거듭남을 체험한 그리스도인들의 40%가 '복음'이란 단어가 어떤 의미인지조차 모르고 있다.

- 53% 정도는 "요한 3:16"의 의미가 무엇인지 제대로 모른다. NBA농구팀에 관한 어느 코미디 영화를 보면 한 과격한 팬이 "요한 3:16"이라 적혀 있는 팻말을 가리키며 농구팀 감독을 향해 소리지르는 장면이 나온다. "이봐, 존! 이게 성경 구절인줄 아냐? 당신네 팀 성적이라고!" 그야말로 요즘 사람들이 이해하는 수준이다.

- 거듭났다고 말하는 그리스도인들의 81%는 '대사명'(Great Commission)이란 단어가 무슨 말인지 모른다. 그들이 떠올리는 것은 25% 정도쯤 되는 순이익이나 커미션이다!

LTG 시스템은 복음과 영적인 변화가 함께 진행될 수 있도록 통합시킨다. LTG 시스템 자체로 미묘하면서도 효과적인 전략이 함축되어 있다. 예수님의 위대하심을 실제적으로 증거하는 것은 자신의 인격을 형성하는 것이고 이는 책임감 설문지(1번 내용)에도 포함되어 있다. 그리스도께 대한 자신의 사랑과 감사를 생활과 입술로 증거하기 위해서, 굳이 매주 사영리를 설명할 필요는 없다. 오히려 말씀의 씨앗이 관계 안에 흩뿌려진 이후, 적절한 때가 되면 더 풍성하고 깊이 있는 토론이 저절로 쏟아져 나온다는 사실을 나는 여러 번 목격했다. 곧 한 개인의 구원의 경험으로부터 아주 자연스럽고 관계 중심적인 전도의 문이 열리게 되는 것이다. 누군가의 강요나 억압이 아니라 자신의 구원의 기쁨으로부터 나오는 사랑을 자발적으로 표현하는 것이다.

기독교 지도자들 중에는 성도들에게 전도 방법을 가르치면 자동적으로 자신의 믿음을 다른 사람들에게 나눌 용기를 갖게 될 것이라 생각하는 사람이 많다. 물론 훈련이 필요하다고 생각하기는 하지만 그리스도인들이 복음을 나누지 못하도록 방해하는 장벽이 훈련만으로 제거되지는 않는다는 사실을 우리는 보아왔다. 더 좋은 훈련을 제공하는 것이야 좋은 일이지만, 교회나 사회 안에 더 많은 전문 전도자들을 양성할 필요는 없다는 것을 깨닫게 되었다.

나는 LTG 시스템을 진행하면서, 사람들이 복음을 나누는 것은 영적 성장의 한 부분이며 하나님을 만난 영혼이 자연스럽게 표출하는 자기 표현임을 알게 되었다. 성령의 역사로 하나님과 만나게 된 사람들은 자연스레 증인이 되었다(행 1:8). 이후, 많은 사람들이 나를 찾아와 전도 훈련을 시켜 달라고 부탁했다. 자신들이 알고 지내는 사람들에게 살아 있는 복음의 증거를 나타내고 싶기 때문이라고 한다. 그들은 이전부터 기도해 오던 사랑하는 친구들이 자신들에게 복음에 대한 질문을 하기 때문에 나에게 특별히 전도 훈련을 부탁한 것이고, 따라서 이들이 훈련에 임하는 자세는 아주 좋다. 그들은 뭐든지 열심히 받아들이고, 배운 것들을 모조리 적용하고자 하는 열의를 가지고 모임에 찾아온다.

매일 잃어버린 영혼들을 위해 중보기도를 하고 복음을 전해야 하는 부담감을 가지는 것은 제자로서 성장하는 가운데 자연스레 나타나는 현상이다. 참으로 흥미로운 사실은, 예수께서 추수 때를 위해 기도하라고 가르치셨던(마 9:37, 38) 그 사람들을, 그 다음 장에서는 곧바로 추수의 현장으로 보내셨다는 점이다(마 10:5). 잃어버린 영혼을 위한 기도는 그들을 향하여 진정한 긍휼의 마음을 품도록 한다.

복음은 전도법이나 회유책 같은 외부적 압력보다는 하나님을 만나서 변화를 받은 인생의 내적인 동기에 더욱 큰 영향을 미친다.

LTG 모임에 참석하는 사람들 중에는, 그리스도에 대한 주제를 언급하는 자체를 부끄럽게 여기는 그리스도인들이 있다는 사실을 전혀 모르는 사람들도 있다. 그들에게 있어서 전도란, 하기 싫지만 의무감으로 해야 하는 것이 아니라 자신이 영적인 생활을 하고 성장하는 가운데 자연스레 나타나는 일부라고 생각한다. 또한 그들에게 복음이란, 다른 사람들에게 자신들의 능력이 아닌 자신이 가진 좋은 소식을 전하는 것이다! 우리가 복음을 전하는 데 주저하는 것은 혹시 다른 사람에게서 배운 행동은 아닌가? 성령으로 충만한 삶이라면 그리스도인들의 생활 가운데 담대한 복음의 증거가 일어나는 것은 당연한 일은 아닐까(행 1:8)? 사도행전 전체를 통해 볼 수 있는 한 가지 명백한 사실은, 담대한 복음의 증거는 성령 충만으로 나타나는 결과라는 것이다. 자신이 지내던 세상 가운데 그리스도를 증거하라는 도전에 사람들이 얼마나 기꺼이 반응하는지 보면서 내 자신도 깜짝 놀랐다는 사실을 인정해야만 하겠다. 사실, 수 주 동안이나 "지난 한 주일 동안 예수 그리스도의 위대하심을 여러분의 말과 행동으로 증거했습니까"라는 질문에 만장 일치로 '예'라는 대답이 나온 적이 한 두 번이 아니었다.

LTG 모임은 평생에 필요한 영적인 훈련을 제공함

LTG 모임에서 소개하는 성경 읽기, 자기 죄의 고백, 잃어버린 사람들을 위한 중보기도는 안타깝게도 오늘날 서구 교회에서 찾아보기 힘든 훈련 양상이다. 이러한 훈련이 든든한 기초가 되어야 그 위에 다른 영적인 훈련을 쌓을 수 있는 것이다.

미국 사람들은 보통 "아니요"라는 표현을 잘 하지 않는다. 그리고 보통 만족할 만한 결과가 즉각 드러날 것으로 기대한다. 즉각적인 만족은 잠시 뒤로 미루어 두고 영적인 훈련을 하는 것은 그리 즐거운 일이 못된다. LTG는 새로운 제자들에게 영적인 훈련의 중요성을 강조하고, 일단 그들이 훈련의 유익을 깨닫게 되면 다른 영적 훈련을 받는 데 있어서도 순수하게 받아들이게 한다.

LTG는 성령께서 직접 영적인 변화를 주도하도록 함

배관 사업체의 공동 소유자인 케빈은 성품이 아주 좋은 사람이었고 우리 교회에서 장로직을 맡고 있었다. 그는 신실했고 장로로서 좋은 모범이 되는 사람이었다. 나는 한 번도 케빈과 함께 LTG 모임을 하리라고는 생각해 보지 않았다. 그는 이미 하나님과 동행하고 있는 사람이라고 생각했기 때문이다. 그런데 많은 사람들이 LTG 시스템을 통해 인생이 변화되는 것을 보면서 교회의 몇몇 장로들 안에도 거룩한 질투심이 일어나기 시작했고, 케빈도 그중 한 사람이었다. 나는 그들 중 두 명의 장로들과 정기적인 모임을 시작했다. 케빈은 아주 빠르게 훈련을 소화했고, 이내 성장하기 시작했다.

다같이 요한계시록을 읽어 나가며, 내가 그리스도인의 삶 가운데 역사하시는 성령의 역할에 대해 연속적으로 가르치고 있을 무렵, 케빈 안에는 뭔가 새로운 일이 일어나고 있었다. 성 금요일(부활전 전 금요일 - 예수 수난일: 역자주)날 케빈은 금식을 하고 있었는데, 도시 반대편에 위치한 작업장에서 급히 나오라는 호출을 받았다. 작업장으로 향하는 길에서 그는 성령께서 무엇인가 말씀하신다는 확신이 들었다. 그는 즉시 라디오를 껐는데, 주님께서 케빈의 마음 가운데 예수께서 그의 죄를 위해 십자가에 돌아가셨다고 말씀하셨다. 당연히 처음 듣는 내용은 아니었지만, 그날 성령께서는 케빈이 구원을 얻기 위해 예수께서 지불하셔야 했던 희생이 무엇인지 아주 명확하게 말씀하신 것이었다. 급작스럽게 자신 안에서 쏟아져 나오는 감정을 그는 도저히 주체할 수 없었다.

며칠 후, 부활절 주일 아침, 케빈은 교인들 전체 앞에서 광고를 하게 되었다. 케빈은 결코 말주변이 뛰어난 사람은 아니었지만, 그의 따뜻하고 친절한 성품 때문에 주일날 광고를 맡아 성도들에게 인사말을 하도록 종종 부탁받았다. 그런데 그날 따라 마치 전혀 다른 사람이 앞에 서서 광고를 하는 것 같았다. "중요한 광고는 여러분이 가지고 계신 주보에 나와 있습니다. 여러분 잠시 성경의 요한계시록 4장을 함께 보실까요." 케빈은 갑자기 천국의 영광과 예수 그리스도에 대한 경배에 대하여 자신의 생각들을 나누기 시작했다. 그의 말이 끝났을 때, 예배당에 있던 사람들 가운데 어느 하나 눈시울을 적시지 않은 사람이 없었다. 그날 이후 우리는 케빈의 변화를 놓고 두 가지 가능성이 있다고 결론을 내렸다. 첫째, 하나님이 그의 마음을 완전히 새롭게 변화시켰던가, 아니면 외계인에게 몰래 납치되어 완전히 세뇌를 당했다고 말이다.

나는 케빈이 새롭게 발견한 은사를 사용할 수 있도록 좀 더 자주 나누어 줄 것을 부탁했고, 그는 자신의 능력을 더욱 성장시켜 나갔다. 얼마 지나지 않아 그의 작업장이 바뀌게 될 무렵, 케빈은 하나님의 말씀을 가르치고 설교하라는 주님의 부르심을 분명하게 들었다. 1년이 조금 더 지나자, 그에게 첫 번째 목회 사역이 주어졌다. 나는 새로운 사역을 시작하라는 부르심을 받았기 때문에, 케빈이 우리 교회를 담당하게 된 것이다. 우리 교회는 케빈을 장로로 임명했지만, 성령께서는 그를 목회자로 세우셨다.

1년 여의 시간이 지나는 동안 배관 회사 대표에서 목사로 탈바꿈하게 된 케빈을 통해, 말씀과 책임감 있는 관계 속에서 능력을 받은 사람들 안에 역사하시는 성령의 능력이 명백히 드러나게 된 것이다. 중요한 것은 케빈 안에 역사하시는 성령의 능력이 아직도 끝나지 않았다는 사실이다. 케빈은 지금도 성장하고 있으며, 아직도 배워야 할 것이 많다. 그가 얼마나 많이 배웠는가로 그의 자격을 따지는 것이 아니라, 그가 주님의 부르심을 받았고 지금도 주님의 음성을 들으며 배워 나가고 있다는 것이 그의 자격 요건인 것이다.

성령님은 너무나도 놀랍게 잘 가르쳐 주시는 선생이시다! LTG는 하나님의 말씀과 성령께서 직접 주도적으로 그리스도인들을 모든 진리 가운데로 인도하실 수 있게 역사하시도록 내어드린다. 기독교 신앙을 가진 교파들 대부분이 성령의 계시 사역을 믿는다. 하지만 많은 사람들이 그 사실을 실제로 받아들이지 않고 있다. 성경의 말씀을 조금 이해하기 시작했다 싶으면, 성경의 저자이신 성령님보다는 인간의 해석 체계라든가 변증법적 사고 방식을 더 고집하는 경향이 우리 안에 있다. 참으로 오랜 세월 동안 교회들 대부분이 가장 능력 있는 영향력을 가지신 성령님의 도우심 없이 그런 식으로 성경을 해석해 온 것이다! 의심할 여지 없이, 성령님이야말로 교회가 자신의 죄를 인식할 수 있도록 확신을 주시고(요 16:8~11), 예수님을 증거하게 하시며(요 15:26~27), 그리스도를 경배하도록 하시고(요 16:14), 성경을 읽을 때에 친히 가르쳐 주신다(요 14:26; 16:13~15). 성령님은 '도움을 주기 위해 옆에 계시는 분', 곧 '보혜사'라는 이름을 가지고 계시다(요 14:16~17). 우리는 성령님의 도움은 무엇이든 다 받을 수 있다!

제리 브리지가 쓴 『위기에 선 목회자』라는 책에 이런 말이 있다.

자신의 사역이 잘 진행되고 있는지 가늠해 보려면 자신에게 이렇게 자문하라. "성령께서 손을 빼신다면, 이 사역은 무너지고 말 것인가?" 대다수 사역들이 아마 전혀 동요함 없이 지속될 것이다. 인간이 만들어 놓은 프로그램이기 때문이다.

바울이 에베소에 있는 장로들에게 마지막 작별 인사를 하는 장면에서, 바울은 그들을 장로로 불러 하나님이 원하시는 사역을 감당하게 하신 분은 성령이심을 인정하고 있다. "너희는 자기를 위하여 또는 온 양떼를 위하여 삼가라 성령이 저들 가운데 너희로 감독자를 삼고 하나님이 자기 피로 사신 교회를 치게 하셨느니라"(행 20:28). 바울과 바나바를 따로 세워 이방인들에게 복음을 전하게 하신 분도 성령님이셨다(행 13:1~3).

LTG 시스템은 특별히 리더를 따로 세우지 않고, 인간이 만든 교육 과정을 따르기보다는 하나님의 말씀만을 사용하기 때문에, 성령께서 직접 제자들을 원하시는 사역으로 인도하시고 지도하시며 불러내실 수 있도록 모든 기회를 내어드린다.

LTG는 평범한 그리스도인들이 자신의 생애 동안 전도의 대사명에 순종하도록 해 줌

대사명이란 예수님께서 모든 나라에 복음을 전하고 제자를 삼으라고 하신 명령이다. 이 말씀은 사도행전뿐 아니라(행 1:8) 사복음서 모두에서 찾아볼 수 있다(마 28:18~20; 막 16장; 눅 24장; 요 20장). 예수께서 육신의 몸으로 계시며 하늘로 승천하시기 직전에 제자들에 주셨던 마지막 말씀이 바로 이 명령이다. 이 명령을 대사명이라고 부르는 것은 그 범위가 전 세계적이기 때문이기도 하지만 그 명령이 가지고 있는 총체적인 권위와 강조점 때문이기도 하다. 하늘과 땅의 모든 권세를 가지고 예수께서 직접 교회에게 건네주신 거룩한 목적이다.

불행하게도, 이 지상 최대의 사명을 실제적으로 이행하고 있는 그리스도인의 비율은 아주 낮다. 누군가 말했듯이, 그리스도인이나 비그리스도인이 가진 유일한 공통점이 있다면 둘 다 전도를 혐오한다는 것이다! 어느 누군가는 '대오명(Great Omission)'이라고 부르기도 하는 대사명(Great Commission)의 부르심을 성취하기 위해 실제로 능력을 부여받은 사람은 소수에 불과하다. 사명을 감당할 능력을 아예 받지 못했다기보다는 그들에게 주어진 능력에 접근할 수가 없었다는 말이 맞을 것이다.

시스템 자체의 단순성 때문에 그리 오랜 시간이 지나지 않아도 그리스도인들은(얼마나 오래 믿었는가에 상관없이) 자신의 남은 생애 동안 제자들을 만들 수 있도록 준비가 갖춰지게 된다. 교회 전체가 대사명을 성취할 수 있도록 기회를 열어 주는 방법인 것이다. 모든 나라 안에 더욱 뛰어난 많은 수의 제자들을 만들라는 권능과 동기를 부여받은 평신도들을 통해 일어날 놀라운 결과들이 지금 꿈틀대며 일어나고 있는 것이다! 우리는 선택받은 지도자들이 훈련을 받고 복잡한 과정들을 수료하기만을 고대하고 기다릴 필요가 전혀 없다. 이제 막 믿기 시작한 사람들이라 하더라도 몇 년이 아닌 몇 주 만에 복음의 바톤을 받아들 준비가 될 수 있는 것이다. 우리 세대 안에 복음의 대사명을 완수할 수 있는 가능성이 현실로 다가온 것이다!

예수께서 마태복음 28장에서 주셨던 "가서 제자 삼으라"는 명령은 현재 시제로서 지속적인 위임을 나타내고 있다. 지난 몇 년 동안 사역을 해 오면서 나는 LTG만큼 놀라운 결과를 가지고 복음의 대사명을 이루어 가는 방법을 본 적이 없다. 나는 개인적으로도 그리스도께서 나를 본향으로 부르시기까지 남은 평생 동안, 할 수 있는 한 더 많은 하나님 나라의 제자를 삼기 위해 LTG 시스템을 사용할 계획이다!

LTG는 평신도를 사역에 동원시킴

그리스도인들이 매주 함께 모여 자신의 죄를 고백하고, 반복적으로 말씀을 많이 읽게 되면 마음에 변화가 일어나기 시작한다. 마지못해 의무감으로 행하던 모습 대신, 그리스도와 다른 사람들을 향한 사랑의 마음으로 섬기고자 하는 내적인 추진력을 갖게 된다.

무엇보다도 가장 의미 있는 사역은 제자를 삼는 사역이다. 평신도들은 자신에게 제자 삼는 사역을 감당할 능력이 주어졌다고 느끼게 되면 즉각 '모든 선한 일을 행할' 준비(딤후 2:22; 3:17)가 갖추어졌다고 생각한다! 그들의 변화된 생활은 생명과 사역의 샘물과 같이 흘러넘쳐서 다른 사람들의 삶에까지 영향을 미치게 된다(요 7:37~39).

LTG는 새로운 지도자들을 일으키는 구체적인 증거가 됨

오늘날 교회가 절실히 요구하는 것은 지도력이다. 아이들을 돌보는 보모로부터 해외 사역을 감당하는 선교사에 이르기까지 교회 안에는 지도자들이 절대 부족한 상황이다. 더 많은 수의 지도자들과 더 나은 인격의 지도자들이 필요하다. 예수께서도 추수 때에 부족한 것이 바로 일꾼이라고 직접 말씀하셨다(마 9:37). 예수께서 제시한 해결책은 추수 때에 추수할 수 있는 일꾼을 일으켜 달라고 추수의 주인이신 하나님께 간구하고 기도하는 것이었다.

LTG 시스템 자체로 그 안에서 지도자를 양성하는 것은 아니지만, 새로운 지도자들을 이끌어 내는 깊은 샘물의 역할을 한다.

LTG는 새로운 지도자들을 등단시키기 전에 그 자질을 가늠해 볼 수 있는 완벽한 첫 시험장이 된다. 함께 모이는 사람들에게 영향력을 미치지 못하고 모임을 두 개로 배가시킬 수 없는 사람이라면, 그 사람에게 그보다 더 많은 수의 교인들을 감히 맡길 수가 있겠는가?

누구든 나에게 와서 새로운 사역을 맡아서 인도하고 싶다는 의사를 표시할 때마다 나는 언제나 그 사람들에게 먼저 LTG 모임을 시작하고 배가하는 일부터 해 보라고 도전을 준다. 이는 여러 가지 면에서 도움이 되기 때문이다.

첫째, LTG 모임은 미래의 지도자가 강인함을 갖추고 있는지 시험한다. 이를 통해서 가장 기본적인 명령에 대해 순종할 마음을 가진 사람인지 아닌지를 볼 수 있다.

둘째, 우리 지도자들 팀이 긴밀하게 서로를 책임지고 돌아보는 관계를 이루고 있으며 말씀을 정기적으로 읽는지에 대해 안심할 수 있다. 또한 그들이 개인 생활 속에서도 자기 할 일을 잘 해 나가고 있는지 어깨너머로 일일이 조사할 필요가 없다.

셋째, 지도자로서 준비하는 사람에게 더 막중한 책임을 맡기기 전에, 그가 이 모든 일에 신실하게 반응하는지 살펴볼 수 있는 기회를 준다.

넷째, LTG 모임으로 지도력 개발 과정을 시작할 때 오는 또 다른 유익은, 차세대 지도자로 물망에 오른 사람들이 제자를 삼고 배가시키는 방법을 실제적으로 배우게 된다는 것이다. 안타까운 일이지만, 이는 최근 수십 년 동안 기독교 지도자들의 부족한 자질 중 하나였다. 수년 동안 신학교 훈련을 받은 사람의 이야기를 들어 본 적이 있을 것이다. 그들은 기도와 재정 후원을 일으키는 법, 여권 비자 관련 서류 처리법 등을 배웠고, 다른 민족의 언어를 공부했으며, 지구 반대편의 다른 문화권 안에서 가족들과 함께 적응해 나가는 법 등을 배웠다. 하지만 결국 그 어떤 언어로도 사람들을 제자 삼고 배가시키는 법은 전혀 알지 못한다는 사실을 깨닫게 되었다. 정말 어리석다고밖에 표현할 말이 없다! 이제 그런 일은 여기서 멈춰야 한다. 바울은 집사를 임명하는 것에 관련하여 디모데에게 이렇게 편지했다. "먼저 그들을 시험해 본 후, 집사의 직분을 하게 할 것이라"(딤전 3:10).

다섯째, 지도자들이 스스로 재생산하게 되면 자연적으로 더 많은 지도자들을 얻게 된다. 누구든 자신과 비슷한 것을 만들어 내기 마련이다. 우리는 자신과 비슷한 모습을 가진 제자를 양성해 낸다. 이들 새로운 지도자들이 대사명에 따라 자신을 헌신할 수 있도록 나의 시간을 투자할 때, 그들에게 다가올 미래는 원대할 것이다!

LTG는 소그룹 리더들과 목회자가 좀 더 초점이 분명한 사역을 시도할 수 있게 해 줌

복음주의 교회들이 소그룹 중심의 사역을 추구하며 전략적인 발걸음을 내딛고 있는 것 같긴 하지만 우리는 여기서 멈추지 말고 사역의 기회를 단지 소그룹 리더가 아닌 모든 그리스도인들에게도 줄 수 있도록 문턱을 낮추어야 한다. 소그룹 리더 혼자서 감당해야 할 짐이 너무 힘겹다. 소그룹 리더는 복음을 갈급해 하는 사람이나 깨어진 결혼 생활을 하는 사람들을 대상으로 사역해야 하고, 또한 신학적 질문을 가진 사람에게 답변도 해 주어야 한다. 한편, 종말에 대해 관심을 가지고 요한계시록을 깊게 공부하고 싶어 하는 사람들도 돌봐야 하고, 영혼 구원의 열정을 가지고 전도를 하려는 사람들까지 돌봐 주어야 한다. 이 모든 일을 평신도 지도자 한 사람의 어깨 위에 무겁게 얹어 놓으면서도, 우리는 새로운 지도자를 훈련시키고 다양한 모임을 일 년 안에 배가시켜야 한다며 억지를 부린다! 소위 훈련을 받았다고 하는 대부분의 목회자와 선교사들조차도 이 모든 사역을 감당할 수 있도록 충분히 준비되어 있지 않는데 말이다.

LTG는 소그룹 리더에게 더욱 큰 도움의 손길을 제공한다. 소그룹 리더들이 복음으로 변화하여 성장하는 여러 제자들과 함께 지도자들을 세우는 데 좀 더 초점을 맞춰 사역할 수 있도록 자유롭게 풀어준다.

LTG 모임에서만큼은 신약성경에서 자주 언급되는 "서로 돌아보아"라는 말이 유감없이 기능을 발휘한다. 따라서 소그룹 리더와 목회자가 모든 모임에서 항상 주는 자가 되어야 하는 부담감을 해소시켜 준다. 사람들은 서로 깊이 연결되어 있다고 느끼고, 서로를 돌아보며 도움을 준다. 따라서 목회자 혼자서 그들 전체의 필요를 채워야 하는 부담감이 줄어들게 된다. 목회자는 지도자들을 세우는 데에만 초점을 맞출 수 있게 되고, 그동안 "그에게서 온 몸이 각 마디를 통하여 도움을 입음으로 연락하고 상합하여 각 지체의 분량대로 역사하여 그 몸을 자라게 하며 사랑 안에서 스스로 세우게 된다"(엡 4:11~16).

LTG는 제자들의 내적인 동기를 자극함

LTG 시스템을 통해 제자를 만드는 사역이 효과를 보는 이유는 사람들의 내적인 동기에 따라 움직여 가기 때문이다. 곧, 사람들 안에 있는 영적인 갈급함을 자극한다. 주님께서도 우리가 의에 주리고 목마를 때에 만족함을 얻을 것이라 약속하셨다(마 5:6). LTG가 지속되는 이유는 그 시스템 안에 있는 사람들이 이를 갈급해하기 때문이다.

LTG는 영적인 동료들을 통해 서로 의무감을 느끼도록 한다. 우리는 경험을 통하여 어떠한 위협이나 외부의 압박감보다도 동료들을 통한 의무감이 더욱 효과적으로 사람들에게 자극을 준다는 사실을 알게 되었다. 인간은 서로에게 사랑을 받고 용납받고자 하는 본질적인 욕구를 가지고 있기 때문에, 동료들을 통해 의무감을 느낄 수 있는 것이다. LTG는 사람들을 끌어모아 성장해 나갈 수 있도록 해 준다. 그 모임 안에 있는 사람들 스스로 함께 성장하고 싶어 하기 때문이다.

경험해 보건대, LTG 시스템에 오랫동안 참석해 온 사람일수록 이 모임의 가치를 높이 평가한다. 보통 제자 훈련 과정을 두세 번 거친 지도자들은 이내 훈련 교재에 싫증을 느끼기 마련이다. 하지만 LTG에 참석하는 사람들은 싫증을 느끼지 않는다. 하나님의 말씀에 물리는 사람은 거의 없기 때문이다.

LTG 시스템이 사람들의 내적인 동기를 자극하는 또 다른 방법은 바로 개인별 책임 평가 질문서다. 일반적으로 다른 사람들의 생활에 있어서 문제가 되는 부분들을 주제로 삼아 이야기한다는 것이 그리 쉬운 일은 아니다. 문제를 편안하게 대면할 사람이 과연 몇 명이나 되겠는가. 그런 것을 거리낌없이 이야기하는 사람이 주변에 있다는 자체가 아주 불편한 일일 것이다. 서로 따뜻함을 주고받으며 용납할 수 있는 가까운 사이라 하더라도 각자의 연약한 부분을 드러내어 이야기하는 것은 어려운 일이다. 남의 일에 괜히 참견하며 캐묻고 다닌다고 생각할 수도 있다. 여러 가지 의심들이 내면 깊은 곳에서 흘러나온다. "그 사람을 괜히 공격하는 것은 아닐까? 그 문제를 가지고 더 이상 이야기하지 않으려고 하면 어쩌지? 괜시리 그런 이야기 꺼냈다가 우정에 틈이 생길 수도 있어. 내가 누구기에 감히 형제를 심판할 수 있겠냐구!"

차라리 내 자신에 관한 문제를 끄집어내어 자신이 고민하는 부분을 이야기하는 편이 훨씬 쉽다. LTG 시스템에서는 책임 질문서가 두 가지 역할을 동시에 한다. 이 질문서는 자연스레 자신이 고민하는 문제들을 이야기할 수 있도록 해주기 때문에, 다른 사람의 문제를 끄집어내야 하는 부담감을 덜어 준다. 또한 이 질문들은 사생활에 관련된 부분들도 드러낼 수 있도록 하기 때문에, 모임에 참석한 모든 사람들이 그 문제를 놓고 서로 격려하고 도와주고 도전을 줄 수 있는 자유함을 느끼게 된다. 질문서는 모임에 참석한 모든 사람에게 해당되는 것이고 모든 사람들이 자신의 고민들을 나누기 때문에, 모임은 점차 자신의 취약점까지 투명하게 드러낼 수 있을 만큼 안전한 장소가 된다.

LTG는 근본적인 면에서 교회의 자연적 배가 성장을 이룸

LTG 시스템을 막 개발하기 시작할 무렵, 나는 언제나 모임이 배가되어야 한다고 가르쳤다. 내가 이 점을 강조하지 않으면 모임은 결코 재생산되지 않을 것이라 생각했던 것이다. 나는 모임이 배가될 수 있도록 하기 위해 갖가지 외적인 압박과 설득을 모두 동원했다.

동시에 나는 성경말씀과 여러 다른 책들을 참고하면서 자연적인 교회 배가의 원칙이 무엇인지 연구했다. 그런데 어느 날 밤, 우리 교회에 다니던 어떤 여자분들이 "목사님, 제발 배가에 대한 말씀은 그만해 주세요. 이젠 싫증이 날 정도에요. 우리는 이 모임 그대로가 좋고, 굳이 모임을 나누고 싶은 마음은 없답니다"라며 내 말에 반대했다. 오히려 나는 좋은 땅에 뿌려진 씨앗이 과연 자연스럽게 제 기능을 하는지 시험해 볼 좋은 기회라고 여겼기에, 그들이 원하지 않는다면 배가하지 않아도 상관없다고 말해 주었다. 나는 자연적이고 자발적인 배가 성장의 진리가 사실인지 시험해 보기 위해 모임을 나누도록 일부러 압박하지 않기로 했다. 결국 그 모임은 넉 달이 채 지나기도 전에 나의 도움 없이 3개의 모임으로 나뉘게 되었다.

과거에는 제자 훈련을 할 때 최대한 조심스레 하더라도 배가하는 데에는 힘겨운 수고와 피눈물이 필요하다고 생각했다. 하지만 그토록 바랐어도 과연 가능할까 의아해했던 자발적인 배가 성장이 오늘날에는 자연스레 일어나고 있다. 우리가 잊지 말아야 할 사실은 재생산이란 교회가 가진 자연적인 기능이고, 하나님이 미리 계획해 놓으신 모습이라는 것이다. 배가를 이루는 능력은 그리스도의 몸이 가진 본연의 기능이므로, 우리가 할 일은 그 능력에 불을 지피는 것뿐이다. 준비된 땅 위에 하나님의 말씀과 비슷한 것이 아니라 올바른 씨앗을 뿌리게 된다면 배가의 사건을 눈으로 직접 보게 될 것이다.

제자 배가가 제대로 일어나지도 않으면서 개인의 수고는 더욱 가중된다는 것은 자연스런 성장에 합당하지 않은 뭔가 잘못된 것을 시도하고 있다는 사실을 입증해 주는 것이다.

예수께서는 비유를 통해 하나님 나라가 아무런 무리없이 자연스럽게 확장하고 배가한다는 점을 설명했다. 누가의 기록을 보면 제자들과 교회가 자발적으로 배가를 거듭하는 모습 때문에 대적들이 바울을 향해 세상을 뒤집어 엎는 사람이라며 고소하는 모습을 볼 수 있다! 우리는 교회 역사나 해외 선교지에서 이러한 사건이 일어났다는 내용을 읽어 본 적이 있다. 하지만 서구 교회 안에서 이러한 자발적인 배가를 체험한 적은 결코 없을 것이다.

우리가 제자 삼는 데 초점을 맞추고 제자화 시스템을 단순하고도 강력하게 확립시켜 놓는다면, 배가는 좀 더 쉽고 자연스럽게 이루어질 것이다. 그리고 사람들은 제자 훈련에 있어서 제자 배가를 좀 더 흔쾌히 받아들이게 될 것이다. 일단 제자들이 재생산의 맛을 느끼게 되면 교회 사역의 다양한 부분에서도 배가가 일어나게 된다. 제자 훈련이라는 교회의 기본적 단위 안에 배가의 유전 암호가 심겨지기 때문에, 소그룹 모임과 사역 그리고 교회들까지 자연스런 배가를 경험하게 되는 것이다.

앞에서 언급했듯이, 성경 어디에도 교회를 심는다거나 소그룹을 배가시키라는 명령은 없다. 신약성경에 보면 수많은 교회 개척과 모임의 배가가 일어나고 있지만, 교회가 배가의 명령을 받았기 때문에 일어난 일은 아니다. 모임과 교회의 배가가 그토록 자연스럽게 일어난 이유는 그리스도인의 첫 세대들이 아주 구체적이고도 단순한 명령에 순종했기 때문이다. 바로 제자를 삼으라는 명령이었다! 이 한 가지 명령에 순종할 때에, 소그룹과 교회의 배가가 일어나는 것이다. 제자를 배가시키지 않고서 소그룹과 교회를 배가시키기 위해 힘쓴다는 것은 불순종일 뿐만 아니라, 결코 실현 불가능한 일이다!

많은 사람들이 소그룹과 교회를 배가시키게 되면 효과적으로 제자를 삼을 수 있으리라고 생각하는데, 이것은 결국 아무런 효과를 가져오지 못한다. 성경적으로 보면 오히려 그 반대다! 먼저 제자를 삼고 배가시켜야 소그룹과 교회의 배가가 이루어지는 것이 진리다.

나는 LTG 시스템 안에서 최소 3개월 안에 사람들이 회심하며 모임이 배가되는 것을 본 적이 있다. 사실상, 내가 예상한 것보다도 훨씬 신속하고 자연스럽게 배가가 이루어진 것이다.

내가 LTG 시스템의 개념을 가장 처음으로 소개한 책자는 밥 로건과 함께 공저한 『추수의 때를 위해 지도자를 일으키라』는 제목의 지도력 개발 워크북이다. 이 책보다 약 1년 여 정도 앞서 쓴 책이다. 그 책이 아직 다른 언어로는 번역되지 않았는데도, LTG 시스템이 현재 지구상 거의 전 대륙에서 시행되고 있다는 이야기를 들었다!

최근 호주에서 LTG 전략을 활용하고 있는 어떤 남자분을 만났다. 그는 자기 친구에게서 LTG에 대해 소개받았다. 그리고 그는 인도 남부의 스리랑카 섬에서 교회 지도자로 사역하는 다른 친구에게 LTG에 대해서 나누었다고 했다. 그 친구는 천편일률적인 제자 훈련 방법에 이미 염증을 느끼고 있었다. LTG의 개념은 전화선을 타고 먼 타국에 전달되었고, 현재 스리랑카 섬에서도 LTG 모임이 배가되고 있다고 한다. 이제 LTG는 과연 어디까지 퍼질 것인가!

극적인 배가 성장이 이루어지는 경험을 한 것은 내가 롱 비치 지역에서 포스트모더니즘에 심취한 젊은이들을 대상으로 교회 개척 사역을 막 시작했을 때였다. 당시 나는 롱 비치 시티 대학에서 두 명의 학생들과 LTG 모임을 시작했다. 모임을 시작한 지 한 달이 지났을 무렵, 우리는 학교 식당에 앉아서 함께 커피를

마시며 책임 질문서를 가지고 이야기를 나누고 있었다. 두 번째 질문을 나누고 있을 즈음, 한 학생이 지나가다가 자기 친구와 내가 이야기를 나누는 모습을 보고 잠시 들렀고, 이에 우리가 나누는 질문의 내용에 흥미를 가지게 되었다. 그 학생은 자기도 모임에 참여하고 싶다며 사정상 그 시간에는 함께 모임을 가질 수 없기 때문에 다음 번 함께 만날 시간을 정한 후 자리를 떴고, 우리는 계속 세 번째 질문으로 넘어갔다.

우리가 다섯 번째 질문으로 넘어갈 즈음, 또 다른 학생이 그 근처를 지나다가 우리가 모임을 하는 모습을 발견하고 우리 쪽으로 다가와서는 자신도 모임에 참여해도 되겠냐고 물었다. 나와 함께 모임을 갖던 두 번째 친구가 만날 시간과 장소를 정해 주었다.

그 학생이 자리를 뜨고나자, 우리는 다시 질문서로 돌아와 여섯 번째 질문으로 넘어갔다. 그런데 우리 중 한 친구가 오랫동안 만나지 못했던 친구가 지나가는 모습을 우연히 발견하고 우리에게 양해를 구한 뒤 그 친구와 잠시 이야기를 나누러 자리를 떴다. 얼마 후, 그 친구가 다시 돌아오더니 자기 친구도 사람들과 함께 모임을 가지고 싶어 한다고 말해 주었다. 우리는 함께 의논하다가, 그 여학생과 모임을 할 수 있을 만하다고 생각되는 한 자매를 섭외하기로 했다.

시간이 지나고 우리가 10번째 질문으로 넘어왔을 즈음, 우리가 섭외하기로 마음 먹었던 바로 그 자매가 우리 모임에 찾아왔다. 우리는 그 여학생이 모임을 필요로 한다는 사실을 설명했고, 그 자매는 그 여학생과 정기적으로 만남을 갖도록 해 보겠다고 승낙했다.

한 시간이 지나는 동안, 하나의 모임이 3개의 모임으로 배가된 것이었다! 그 다음 날에는 나 역시 새로운 모임을 시작하게 되었다. 우리는 2개의 대학과 공동체 안에서 단 2주 만에 1개에서 10개의 모임으로 배가되었다!

이 모임은 마치 맹렬한 불길처럼 퍼져 나갔다. 주님을 위해 타오르고자 소망하는 메마른 영혼들을 발견해 가는 제자들의 순종 위에 하나님의 숨결이 바람처럼 불어왔기 때문이었다. LTG 시스템은 단순 명료하기 때문에 그 불길이 막히지 않고 마음껏 뻗어 나갈 수 있도록 해 준다. 평범한 그리스도인들도 능력을 얻어 아주 중요한 사역을 감당해 낼 수 있도록 해 주는 것이다.

|제10장|
LTG 시스템을 반대하는 일반적인 의견

LTG의 원칙을 적용하고 그 열매를 관찰하는 몇 년 동안, 나의 생각에 반대하는 사람들의 의견을 몇 가지 살펴볼 수 있는 기회가 있었다. 이번 장에서는 가장 일반적인 반대 의견이 무엇인지 자세히 설명하도록 하겠다.

도대체 통제할 수가 없어요

LTG는 자연스럽게 생성되고 배가하며 소멸된다. 모임의 진행 상황을 일일이 다 점검한다는 것은 힘겨운 일이다. 그렇게 일일이 다 살펴보고자 한다는 것은 모임을 통제하려는 것이고, 그렇게 되면 모임의 잠재적 가능성을 말살하게 된다. 그렇게도 굳이 점검하고 싶다면 예배에 참석하는 사람들의 수나 사역과 소그룹 모임의 수를 잘 살펴보고, 어느 누구도 아닌 성령님께서 직접 모임을 통제하시도록 내어드릴 것을 권하고 싶다.

다음과 같이 질문해 보는 것도 유익하다. "사도행전을 살펴볼 때, 교회의 확장을 통제했던 사람은 누구였는가?" 사도행전 1장부터 마지막 28장까지 읽어 보면, 초대 교회의 확장을 주관했던 지도자는 한 사람도 없었다는 것이 분명하게 드러난다. 성령께서 모든 것을 주관했다. 전체 28장 가운데 성령은 무려 57번이나 언급되었다.

오늘날 교회 안에서는 통제라는 것이 종종 큰 관심사가 된다. 혹시 지옥이라도 열려서 큰 혼란에 빠지게 되면 어쩌나 하는 두려움으로, 우리의 모든 행동을 통제하기 위한 대책 마련에 온 힘을 다 쏟는다. 지금 우리에게 최대의 위협이 되는 것은 지옥이 아니다. 예수께서는 이미 지옥의 모든 권세를 파하셨고, 교회의 공격에 지옥의 문은 꼼짝도 못한다고 말씀하셨다.

우리가 정말 던져야 할 질문은 "모든 천국의 문이 교회 안에 열리면 우리는 과연 무엇을 해야 할 것인가"다. 정말로 부흥이 온다면 우리는 무엇을 준비하고 있어야 하는가? 통제할 수 없는 일들도 다룰 수 있는가? 우리 자아는 과연 해답을 알지 못하는 상태에서도 상황을 헤쳐 나갈 수 있을까? 혼돈 가운데서도 평안함을 누릴 수 있는가? 우리의 교회 구조, 교리적 신념, 교파별 정책이나 차이점 등 그 어떤 것도 천국의 풍성함과 권세를 다 담아 내기에는 턱없이 부족하다. 천국은 우리의 상상과 이해, 통제를 훨씬 뛰어넘는다! 우리는 "주의 나라가 임하옵시고 주의 뜻이 하늘에서 이루어진 것같이 땅에서도 이루어지이다"라고 기도하기 전에 먼저 그 대가 지불을 각오해야 할 것이다.

우리가 직접 모든 것을 통제하려는 시도를 포기하고 교회 안에 자연적인 배가가 일어나도록 기꺼이 내어드린다면, 복음이 우리가 꿈꾸는 것보다도 훨씬 놀랍게 뻗어 나가는 것을 직접 보게 될 것이다. 기독교 고전인 『자연적인 교회의 확장』이란 책을 보면 저자인 로랜드 앨런이 자연적인 배가를 위해서 통제를 포기할 때 주어지는 유익에 대해 설명하고 있다.

> 자연적인 확장이란 우리가 통제할 수 없는 어떤 것을 의미한다. 우리가 직접 통제할 수 없는 것이라면, 우리가 통제할 수 없다는 사실로 인해 기뻐할 수 있어야 한다. 필시 이것은 우리가 다루기에 너무 시시한 일이 아니라, 참으로 위대한 일이기 때문이다. 하나님의 위대한 일은 우리의 통제를 초월한다. 여기에 우리의 원대한 소망이 있다. 자연적인 확장은 그리스도에 대한 지식으로 온 땅을 채운다. 우리의 통제로는 도저히 그만큼 이룰 수가 없다. 우리는 계속 자신의 한계를 가지고 속상해한다. 들어갈 수 없는 문을 열려고 하고, 해외 선교사로 나갈 수 없는 닫혀진 문을 두드리고, 우리가 추수할 수 없는 흰 밭을 물끄러미 바라만 본다. 자연적인 확장은 열려진 문으로 들어가게 하고, 닫혀진 것을 열어 놓으며, 희어진 밭을 추수하게 한다. 그러나 우리 자신의 통제로는 불가능하다. 안타깝게도 통제란 통제를 유지하기 위해 더 많은 사람을 필요로 할 뿐이다.

새신자들이 대답하기에는 너무 개인적인 질문이에요

사람이란 변화될 준비가 되면, 자기 인생의 개인적인 문제들도 언제든지 털어놓을 준비가 되어 있기 마련이다. 오늘날 예수를 믿지 않는 사람들도 많은 이들 앞에 서서 자신이 알코올 중독자이고 마약 중독자라는 사실을 털어놓거나 12가지 단계별 프로그램을 따라 강박적인 범죄 행위를 고백한다. 그들이 아무 거리낌 없이 자신의 모습을 털어놓는 것은 이 방법만이 중독 행위에서 자신을 자유롭게 해 주는 유일한 방법이라는 것을 알기 때문이다. 그렇다면 진리를 알고 하나님을 개인적으로 대면했으며, 그 안에 성령께서 내주하시는 그리스도인들이 안전한 곳에서 자신의 죄를 공개적으로 고백하는 것은 얼마나 더 필요한 일이겠는가?

내 경험으로 볼 때, 이제 갓 예수를 믿거나 아직 그리스도인이 아닌 사람들이 LTG 시스템에 대해 더욱 수용적이다. 오히려 믿은 지 오래된 사람들일수록 영적인 가면을 쓰고서 몇 년 동안이나 사람들과 거리를 유지하면서 사는 경우가 많다. 새신자들은 그 질문이 그리 개인적이라고 생각하지 않는다. 심지어 사람들이 그런 생각을 한다는 사실조차 알지 못한다. 그들은 이제 막 '기독교적인 것'에 대하여 윤곽을 잡아가고 있기 때문이다. 현상 유지에 만족하면서 살아가는 성실한 교인들만이 이를 너무 개인적인 질문으로 받아들이고, 자신의 내면에 숨겨 놓은 것들을 드러내야 한다는 위협을 느끼게 된다.

LTG 시스템이 교회에 비해 그 시작점부터 헌신도가 매우 높은 것도 사실이다. 대부분의 교회는 아니라 하더라도 오늘날 대다수의 교회들이 견지하는 성장철학은 첫 시작의 헌신도를 낮추는 것이다. 이를 통해 더 많은 사람들을 끌어모아서 기독교를 점진적으로 확장시켜 나가고자 하는 것이다. 그들은 사람들의 구원이 단계별로 진행되는 점진적인 것이라고 생각한다. 물론 그것이 어느 정도 맞는 말이긴 하다. 하지만 때로는 우리가 진리의 능력을 싸구려로 취급하기 때문에, 오히려 복음의 말씀을 스스로 파괴하는 일을 자행하고 있다고 나는 확신한다. 복음이 능력을 가진 것이 사실이라면, 시작하는 순간부터 모든 단계에 이르기까지 진리의 능력을 제시해야 한다.

나는 세상의 잃어버린 사람들이 오히려 진리에 대해 제대로 반응하기 때문에, 우리는 진리를 다른 것과 타협하지 말고 전심을 다해 지켜 나가야 한다고 생각한다. 오늘날 우리가 사는 시대에서는 죄를 죄라고 부르고, 진리를 진리라고 부르는 것이 참으로 중요하다! 나는 구원을 갈망하는 잃어버린 영혼들이 진정한 생명에 대해 제대로 반응하고, 자신이 용서와 은혜가 필요한 존재라는 사실을 기꺼이 인정한다는 사실을 보아왔다. 또한 자기 인생에 변화를 갈급하는 사람들은 사람들이 공개적으로 자신의 부족함을 고백하는 안전한 장소에서 더욱 견고하게 성장한다는 사실도 나는 경험했다. 사실상, 우리가 세상을 향해 우리 자신의 진정한 모습을 숨기고 더 나은 모습을 가진 것처럼 가장할 때, 세상은 우리의 위선을 공격하며 우리의 복음까지도 거부하게 된다.

예수께서는 구원과 하나님 나라의 시작점에 대해서 말씀하실 때, 더 많은 이들이 쉽게 들어올 수 있도록 그 기준을 낮추려 하신 적이 없다. 오히려 그 반대로 말씀하셨다.

> "이에 예수께서 제자들에게 이르시되 누구든지 나를 따라오려거든 자기를 부인하고 자기 십자가를 지고 나를 따를 것이니라 누구든지 제 목숨을 구원하고자 하면 잃을 것이요 누구든지 나를 위하여 제 목숨을 잃으면 찾으리라"(마 16:24~25).

이 말씀은 잃어버린 영혼들을 얻기 위해 힘쓰는 "전도자의 조심스러움"과는 확실히 거리가 멀다. 이 말씀은 익명성을 허용하지 않는다. 사람들이 점차적으로 세상에서 빠져나오는 것도 불허한다. 주님의 부르심은 시작하는 순간부터, 결코 타협하지 않는 즉각적이고도 강력한 헌신을 요구한다. LTG는 사람들이 자신을 부인하고 구원자를 따르도록 도전하고, 또한 사람들은 이에 반응한다. 그렇지만 헌신한 사람들에게 필요한 영적인 후원도 동시에 공급한다.

읽어야 할 분량이 너무 많아서 바쁜 사람들은 도저히 다 읽을 수가 없어요

일반적인 독서가들이라면 성경을 읽는 데 하루 30분 정도를 투자할 수 있을 것이다. 그 정도면 읽어야 할 분량만큼 충분히 따라잡을 수 있다. 또한 매일 아침 하루를 시작하기 전에 적어도 그 정도 시간은 낼 수 있을 것이다. 아침 운동을 하기 위해 그 정도 시간을 투자할 수 있으면서 왜 영적인 운동을 위해서는 불가능하다는 것인가? 많은 이들이 신문의 스포츠란이나 앤 랜더의 논설을 읽지 않고는 하루라도 견디기 힘들어하면서, 하나님의 말씀 없이는 한 주고 한 달이고 아무렇지 않게 살고 있다. 심지어 오늘날 교인들 가운데에는 성경을 통해 하나님의 말씀을 듣는 것보다는 레노의 싯구를 들으면서 더욱 종교심을 불태우는 이들이 있을 정도다. 이런 사람들이 모이는 교회 안에 능력이 없는 것은 너무나도 당연하다!

LTG에서 요구하는 성경 읽기 분량은 30분짜리 텔레비전 시트콤을 시청하는 것으로 보면 된다. 우리 모두 매일 밤 적어도 30분 정도는 텔레비전을 보는 데 시간을 보내는 것처럼, 하나님의 말씀을 읽는 것도 그 만큼의 시간은 투자할 수 있다.

나는 바빠질수록 더욱 성경말씀을 읽어야 한다는 사실을 깨닫게 되었다! 최근에는 성경말씀을 읽지 않고서는 내 생활에 필요한 것들을 충분히 조달할 수도 없고, 열매 맺는 삶을 지속시키기 위해 온전한 침착함을 유지할 수 없는 정도에까지 이르게 되었다.

어느 책에서 마틴 루터가 "나는 무척 바쁘기 때문에 매일 아침 세 시간을 기도로 보내야겠다"고 했던 말이 생각난다. 나는 마틴 루터의 그러한 태도를 항상 존경해 왔고, 나 같은 사람은 도저히 다다를 수 없는 경지에 이른 사람으로 생각했다. 하지만 최근에 와서야 그 말이 뜻하는 바가 무엇인지 깨닫게 되었다. 지도자로서 겪어야 했던 외적인 압박감을 감당할 수 있으려면 내적인 힘이 필요했던 것이다. 삶과 사역이 요구하는 것들의 균형을 유지하고 이를 끝까지 완수해 내는 건전한 능력을 유지하기 위해서는 기도로 힘을 내는 수밖에 없었다. 내적인 힘은 충분한 시간을 두고 드리는 기도와 말씀 묵상에서 나오는 것이다. 10km의 상공을 비행하는 항공기의 승무원이 외부 기압을 잘 조정해야 무사히 비행을 할 수 있는 것과 마찬가지로, 우리가 더욱 말씀을 읽고 기도에 힘쓰는 만큼, 삶의 외적인 압력을 잘 다룰 수 있도록 준비될 수 있는 것이다. 만약 여러분이 지금 말씀을 충분히 읽고 있지 않음에도 불구하고 모든 일을 잘해 나가고 있다고 생각한다면, 아직도 성경이 주는 힘을 제대로 깨닫지 못한 것이다!

우리 자신의 영혼을 하나님의 말씀으로 채우는 대신, 그만큼의 분량을 잡다한 책이나 잡지, 신문 논설 등으로 채워 넣고 있다고 말한다면 다들 부끄러움을 느낄 것이다. 이것은 우리가 하나님의 말씀보다는 실상 세상의 철학을 더 중요하게 여기고 있다는 사실을 반증하는 것이 아닌가? 하나님의 사람의 살아 있는 본보기가 되고 싶다면 우리의 이러한 모습은 분명 바뀌어야 한다! 하루에 30분만 하나님의 말씀에 귀를 기울이는 데 투자하면 인생을 새롭게 시작해 나갈 수 있다!

모임이 너무 율법적이라서 억지로 성경을 읽게 만들어요

사실 대부분의 사람들은 성경의 아주 일부분만을 읽고 있으며, 그 정도 읽는 것도 무척이나 따분한 일이라고 생각하고 있다! 성경을 규칙적으로 읽는 사람들도 원해서가 아니라 의무감으로 읽고 있는 경우가 많다.

얼마나 비극적인 일인지! 사람들이 성경 읽기를 따분하게 여기는 것은 아직 말씀과 사랑에 빠지지 않았기 때문이라고 나는 확신한다. 아쉽게도 성경 읽기의 참맛을 발견하지 못한 것이다. 말씀의 참맛은 후천적으로 얻어지는 감각이다. 하나님의 말씀을 사랑하는 사람들은 말씀을 읽을수록 더욱 사모하게 된다.

당신이 죽도록 좋아하는 사람에게서 사랑의 편지를 받아 본 적이 있는가? 자신이 참으로 좋아하는 사람이 보낸 연애 편지를 받고서 읽어 보지도 않은 채 며칠 동안 화장대 위에 고이 놓아두는 사람이 어디에 있겠는가. 또한 마침내 편지를 집어 들고서 첫 두 줄 정도만 읽어 보다가 "그래, 오늘은 이 정도로 충분하군" 하면서 도로 덮어 둔 채 다시 며칠 동안 놓아 두는 것은 좀 이상한 행동이 아니겠는가. 이것은 연애 편지를 읽는 모습이 아니다. 하지만 안타깝게도 우리는 우리에게 보내신 하나님의 편지인 성경을 그런 식으로 읽고 있다.

사람들이 하나님의 말씀을 그리 감사하게 여기지 않는 이유는 아직 그 맛을 충분히 보지 못했기 때문이다. 대부분의 사람들은 성경을 여기 저기서 부분들만 뽑아 읽고서는 하나님이 성경을 통해 아무런 말씀도 하지 않는다며 불평하곤 한다. 우리는 성경을 마치 약처럼 생각하며 아주 적은 양으로도 우리에게 효과를 준다고 생각하고, 또한 맛은 없어도 우리를 건강하게 지켜 줄 것이라고 확신한다. 심지어 하루에 한 구절만으로도 악마를 멀리 쫓아내 줄 것이라고 생각한다.

성경말씀 전체를 반복적으로 충분히 읽어 나가는 사람들은 빠른 시간 안에 말씀의 참맛을 맛보게 된다. LTG 모임에 성실하게 참여한 사람들 가운데 하나님의 말씀에 감사하면서 이에 대한 갈급함을 느끼지 않았던 사람은 거의 없었다.

예수께서는 "사람이 떡으로만 살 것이 아니요 하나님의 입으로 나오는 모든 말씀으로 살 것이라"(마 4:4)고 말씀하셨다. 우리는 하나님의 말씀에 더욱 배고픔을 느껴야 한다!

물론, 어떤 날은 갈망함 대신 의무감으로 성경을 펴기도 한다. 하지만 그 아침도 이내 영적으로 활기를 띠는 시간으로 바뀌게 된다. 말씀을 충분히 읽으면서 자기 만족을 극복하고 삶의 상황에 대해 말씀하시는 하나님의 음성을 듣게 되기 때문이다. 하지만 하루에 단지 한 장 정도의 말씀만 읽는 것으로 만족한다면 그런 일은 체험할 수가 없다. 하나님께서 성경을 통해 여러분의 삶에 대해 직접적으로 하시는 말씀을 듣게 되면, 성경을 더욱 사모하게 된다. 그리고 차츰 경건한 중독에 빠지게 된다. 마치 엔돌핀을 얻으려고 아침마다 운동을 하는 사람처럼 말이다.

하나님과 동행하는 삶에 만족을 느끼는 어느 남자분에 대한 이야기를 책에서 읽은 적이 있다. 어느날 그 사람은 이런 질문을 받았다. "매일 아침 잠에서 깰 때마다 즐거움이 넘치시나요?" "아뇨, 때로는 무시무시한 기분으로 깨어나기도 합니다. 하지만 그럴 때마다 말씀을 읽지요. 기쁨을 느낄 수 있을 때까지 계속 읽는답니다."

하나님의 말씀에 대한 맛을 알아가는 모습을 처음 본 것은 마티와 내가 LTG를 막 시작했을 때였다. 당시 우리는 일주일에 로마서를 두 번 읽기로 했었다. 마티는 로마서를 가벼운 마음으로 한 번 훑어본 다음 두 번째 다시 읽으면서는 일부러 16장 24절까지만 읽고 나머지 구절은 남겨 두었다. 그리고 다음 주 모임 때 내가 다 읽었냐고 물어보면 그는 머쓱하게 날 보고 웃으면서 "아뇨, 이번 주에 한 번 더 읽어야겠는데요"라고 대답했다. 그는 로마서 말씀을 최소한 두 번 정도는 더 읽고 싶은 욕심에 일부러 읽기 과제를 다 마치지 않은 것이었다(사실, 이런 일이 몇 번 더 있었다). 그는 더 많이 읽고 싶어 했지, 분량을 줄이려고 하지는 않았다. 이전에 가르쳤던 제자들 안에서는 한 번도 볼 수 없었던 말씀에 대한 갈증이었다. 교회 안의 20%의 사람들이 이토록 하나님의 말씀을 갈망한다면 교회의 모습이 어떻게 변할지 상상해 보라.

내 동료이자 제자인 케빈이 일주일 동안 복음서 전체와 사도행전을 읽고, 거기에 히브리서까지 읽는 모습을 보면서 놀란 적이 있다! 일주일에 30장 정도만 읽는 것으로는 그의 갈급함을 채울 수 없었던 것이다. 매일 30분 동안 하나님의 말씀을 읽는 데 시간을 기꺼이 투자하는 사람들이라면 누구에게나 일어날 수 있는 일이다. 사람들이 말씀과 사랑에 빠지게 되고, 개인적으로 강력하게 말씀하시는 음성을 듣게 되면, 성경의 저자인 하나님과 더 깊은 사랑에 빠지게 된다.

안타깝게도, 오늘날 대부분의 교회에서는 성경을 단지 자연스레 읽어 나가면서 순종하고 따르는 것이 아니라, 연구하고 해석해야 하는 대상으로 만들어 놓았다. 어떤 사람들의 경우에는 주석이나 스터디 바이블, 지겨운 관주나 성경 백과 사전이 없이는 도저히 말씀을 읽어 나갈 수 없는 지경에까지 이르렀다. 또 어떤 사람들은 성경을 연애 편지가 아닌 율법서로 보기 때문에 글자 하나 점 하나도 놓치지 않도록 세세하게 살펴보아야 한다고 생각하기도 한다. 사랑하는 사람에게서 받은 연애 편지를 조사하듯 살펴본다면 편지를 쓴 사람의 마음이 어떠할지 한번 상상해 보라.

물론 하나님의 말씀을 깊이 연구해야 하는 때도 있다는 것을 안다. 나는 하나님의 말씀이 여러분 개인에게 어떻게 진리로 다가오는지 그냥 읽어 나가야 하는 경우도 있다는 것을 말하고자 하는 것이다.

내 경험상으로 볼 때, LTG를 시작한 지 첫 주나 두 주쯤 되었을 때 사람들이 불평하는 소리를 흔히 듣는다. 읽기에 너무 바쁘다 보니 말씀을 제대로 공부할 수 없다는 것이다. 하지만 이런 불평은 그리스도인이 된 지 오래된 사람들에게서나 나오는 말이고, 대부분 몇 주가 지나면 그러한 불평도 사라진다. LTG에서 제안하는 식으로 몇 주 동안 성경을 읽어 나가다 보면 자신들이 말씀으로부터 얼마나 많은 것을 얻고 있는지 발견하게 된다. 계속 반복적으로 일정한 분량을 읽어 나갈 때 비로소 진리를 깨닫고 하나님의 음성에 다시금 익숙해지기 시작하는 것이다. 실상 이런 식으로 성경 읽기를 하면 오히려 성경을 더 깊이 연구하도록 자극을 주게 된다는 사실을 발견하게 되었다. 성경을 읽으면서 자연스럽게 떠오르는 질문들에 대한 해답을 찾기 위해서 더욱 성경을 열심히 읽게 되는 것이다. LTG 모임을 하는 사람들 가운데에는 이미 성경 읽기 진도는 다른 책으로 넘어갔음에도 불구하고 몇 주 전에 읽었던 부분을 지속적으로 공부하는 경우도 흔히 볼 수 있다.

모임을 하다가 교회 안에 이단이 생겨날 수도 있어요

이단 모임이 생겨날 것을 걱정할 필요는 없다! LTG 모임은 그리스도의 몸 가운데 전혀 위협을 주지도 않고, 굳이 감시하지 않더라도 맡은 바 소임은 다 해낸다. 만약 이단이 문제가 된다면, LTG 모임이야말로 아무런 통제 없이 이단 문제를 해소할 수 있는 이상적인 방법이다! 만약 썩은 사과와 같은 잘못된 가르침이 들어온다 해도, 그 가르침에 물들 사람은 겨우 두 사람뿐이다. 수많은 무리들에게 영향을 미치고 권세를 가지려고 안달하는 사람들에게 있어서 두 사람은 결코 만족할 수 없는 숫자다. 권세에 매달리는 그런 사람들에게 LTG 같은 시스템은 그리 매력적인 모임이 아니다.

오히려 이단들의 위협을 절감시킬 수 있는 최선의 방법이 바로 LTG 모임이다! 이단이란 다음과 같은 경우에 나타난다. 모인 사람들이 진리에 무지하고, 하나님의 말씀으로 가르침을 받지 못했을 경우 문맥에 상관없이 성경구절들을 선택한다. 순진한 군중들에게 영향력을 미치려고 하는 소수의 사람들을 관리, 통제한다. LTG의 전략이라면 이 세 가지 요소들을 완전히 소탕할 수 있다! LTG에 참석하는 사람들은 문맥 전체로 성경말씀을 읽어 나가고, 모임별로 서로를 점검하고 균형을 잡아가는 일이 자연스럽게 일어나기 때문이다. 모임에 참석하는 사람들은 함께 동일한 말씀을 읽기 때문에 엉뚱한 길로 빠질 염려는 매우 적다. 또한 단지 각자 동일한 문맥의 말씀을 읽기 때문이라기보다는 성경의 저자이신 성령께서 그 안에 계시기 때문에 가능한 것이다. 물론 이단의 위협을 완전히 제거할 수 있는 길은 없겠지만, LTG는 이를 최대한 감소시킬 수 있는 매우 효과적인 방법이다.

|제11장|
LTG 시스템에 대한 일반적인 질문들

이번 장에서는 가장 흔히 들을 수 있는 질문들에 대해 나열했고, 이 질문에 만족할 만한 답변을 최대한 자세하고 친절하게 적어 보았다.

성경 읽기 분량을 줄여도, 계속 똑같은 효과를 볼 수 있나요

성경 읽기 분량은 되도록 줄이지 않을 것을 권고한다. 실제 임상 실험 결과, 성경 읽기를 줄이면 제자들의 성장률과 LTG의 배가율이 급격하게 떨어지는 것을 보게 되었다. 그러나 반대로, 우리가 제안하는 만큼 읽기 분량을 늘이게 되면, 그리스도인들의 성장률은 기하급수적으로 높아지게 된다!

우리 교회 청년부를 담당하는 대럴 목사가 하루는 나를 찾아와, 그와 모임을 하던 형제들이 매주 읽어야 할 과제를 여간해서는 잘해 오지 않는다고 했다. 대럴 목사는 그 친구들이 계속 같은 부분만 반복해서 읽으면서 진전이 없는 것을 보며 낙심하고 있었다. 그들이 매주 얼마만큼 읽는지 물어보는 나의 질문에, 대럴 목사는 다소 민망해하는 눈치로 "매주 일곱 장에서 열 장 정도 읽고 있는데도, 여전히 다 끝내지 못하는군요"라고 대답했다. 나는 읽기 분량을 한 주 당 30장으로 늘리라고 제안했다. 내 말에 놀란 대럴 목사는 "네? 일주일에 10장도 채 못 읽는 친구들이, 일주일에 30장을 읽으리라고 생각하신단 말인가요?"라고 반문했다. 나는 "일단 한번 시도해 보세요"라고 장담했다. 담임 목사로서의 내 권위 때문이었는지, 아니면 내 말이 틀렸다는 것을 증명해 보이려고 했는지는 몰라도, 어쨌든 대럴 목사는 그대로 시도해 보았다.

한 달 정도가 지난 후, 나는 대럴 목사와 멘토 모임을 가지면서 LTG 모임이 어떻게 되어 가고 있는지 물어 보았다. 대럴 목사는 "이야! 목사님도 진짜 놀라실 거에요! 읽기 분량을 늘리니까 오히려 매주 숙제를 해 오더라구요. 이유는 잘 모르겠지만, 어쨌든 그 방법이 효과를 보더라니까요"라며 감탄해 마지 않았다. 나는 이렇게 말해 주었다. "제대로 맛을 즐길 수 있을 만큼 충분히 말씀을 읽지 않아서 그랬던 겁니다. 읽을 분량이 적으니까 성경 읽기에 대해 진지하게 도전을 받지 못한 거죠."

부담없이 읽을 수 있는 분량보다는 보통의 한계를 좀 넘는 정도로 시도하는 것이 더 효과를 얻을 수 있다. 매주 읽어야 할 분량을 완전하게 해 올 수 있다면, 성경을 읽으면서 얻을 수 있는 것들을 제대로 얻지 못한다. 성경을 반복해서 읽음으로써 얻을 수 있는 맛이 없어지기 때문이다. 우리는 모임 안에 있는 사람들 가운데 성경의 특정 부분에서 개인적으로 무언가를 특별히 발견할 수 있을 때까지 모임 전체가 계속 그 부분을 반복해서 읽어야 하는 경우를 여러 번 보았다. 그러므로, 누군가 그 주에 맡은 숙제를 다 해 오지 못했을 때에는, 지난 한 주간 놓친 것을 성령께서 그 다음 주 동안 우리에게 가르쳐 주시길 기대하면서 다시금 반복하는 것이다. 그 모임에 알맞은 성경 읽기 분량이 얼마나 되는지 살펴보려면, 모임 전체가 다음 권으로 넘어가기 위해 네 번 정도 반복해야 하는 만큼의 분량이 얼마인지 시험해 볼 것을 권한다. 대부분 일주일에 25장에서 30장 정도 읽으면 충분하다.

만약 모임에 참가하는 사람들이 글을 빨리 못 읽는다거나 혹 글을 아예 못 읽는 사람이 있는 경우에는 다른 사람들과 같은 분량만큼 반복하면서 성경 듣기 테이프을 활용하면 된다. 우리 교회의 한 LTG 모임에서는 글을 못 읽는 사람들을 위해 성경을 소리 내어 읽는 방법으로 글 읽는 법을 가르치고 있다. 하지만 이런 경우에 처음 시작하는 부분은(읽는 수준 정도에 따라 분량을 조절한다) 직접 읽고, 나머지 부분은 듣기 테이프를 활용할 것을 권하고 싶다. 읽는 사람이 어느 정도 익숙해지는가에 따라 읽기 분량을 조금씩 늘일 수도 있다. 모임을 하는 동안, 읽어 오기로 한 내용이나 테이프를 통해 들은 내용을 가지고 글자 공부를 시킬 수도 있다. 이렇게 함으로써, 글자 훈련하는 데에 모든 시간을 투자하지 않으면서도 서로를 돌아보는 책임성을 동시에 유지할 수 있다.

*주의: 모임 전체가 함께 성경말씀을 연극하듯이 큰 소리로 읽는 연습을 가능한 자주 해 볼 것을 강력하게 추천한다. 이렇게 하면 기억력을 3배나 강화시킬 수 있다! 큰 소리로 읽으면 몸에 있는 근육을 다양하게 사용하기 때문에 두뇌에 더 깊이 작용한다는 과학적인 증거도 있다. 또한 연극을 하듯 다양하게 목소리를 사용하게 되면 더 주의를 기울이게 되므로 기억력이 더욱 강화될 수밖에 없다. 기억력이 강화되는 또 다른 이유는 말씀을 받아들이는 감지 기관이 단지 하나가 아니기 때문이다. 눈으로만 감지하는 것이 아니라 귀로도 말씀을 듣고, 연극하듯 몸짓을 함으로써 동적 감각까지 자극을 받는다. 말씀이 하나 이상의 감각 기관으로 파고들어 활동적이고 민첩하게 마음속에 자리잡게 되는 것이다. 여러분도 직접 시험해 보라. 물론 방해받지 않고 소리가 새 나가지 않는 조용한 장소를 먼저 찾아야 할 것이다. 그런 다음 다시금

시도하거나 그만 두는 것은 여러분 자신의 선택이다.

책임감 점검 질문서 내용을 바꿔도 되나요

우리는 여러분의 필요에 맞춰 자유롭게 질문을 바꾸도록 격려하고 싶다. 앞에서도 언급했듯이, 여러분의 상황에 따라 책임감을 점검할 수 있도록 질문을 스스로 만들어 나갈 수 있는 영역들이 있다. 그중 하나는 자신의 죄를 고백할 수 있도록 기회를 주는 것이다. 또 하나는 매주 그리스도를 증거하는 삶에 대한 내용이다. 우리가 사용하는 질문서의 내용 가운데 '지난 한 주 동안 예수 그리스도의 위대하심을 당신의 말과 행실로 증거했습니까?' 부분은 모든 제자들이 영적으로 온전히 형성되어 나가기 위해서는 복음을 증거해야 한다는 사실을 세심하면서도 효과적으로 보여 준다. 예를 들어 질문 내용 가운데, 말로 자신의 간증을 전하는 부분을 삭제한다면 제자 훈련 가운데 전도 부분은 빠뜨리는 것이다. 질문서에서 그 내용을 필수 질문으로 삼을 때, 제자들은 다른 사람들에게 복음을 나누기 시작하고, 영혼을 얻기 위한 갈망과 기술을 더욱 발전시킬 수가 있다. 질문의 내용이 점검하는 바는 그리스인이 그리스도의 죽음과 장사되신 뒤 부활하셨다는 내용을 매주 이야기하는가가 아니라, 예수님의 놀라우심을 다른 사람들에게 다양한 방법으로 전달하고 있는가를 확인하는 것이다!

질문을 이토록 세심하게 고안해 놓은 데에는 이유가 있다. 이렇게 해야 그리스도인들이 자신의 친구들과 이웃, 동료들에게 복음을 전하기 시작하는 것이다 (처음엔 물론 부드럽게 접근한다). 매주 시간이 흐를수록, 제자들은 진리를 찾는 사람들이 물어보는 질문에 자극을 받고 전도에 더욱 열정을 품기 시작한다. 믿지 않는 사람들을 전도할 목적으로 그들과 구속적인 관계를 형성시켜 나가기 때문에 그들을 좀 더 효과적으로 전도할 수 있도록 훈련을 받으려고 하게 된다.

처음에는 거룩한 성품의 필수적인 요건으로서 그리스도인들이 대사명을 완수할 수 있도록 질문의 초점이 맞춰진다. 이런 식으로 질문을 시작하면 이야기는 더욱 활발하게 진행된다. 그런 다음에는 친구 관계로 이어진 사람들과 함께 실전에 들어가게 되는데, 보통 여러 가지 질문과 토의를 나누게 된다. 결과적으로 그들은 더 깊은 훈련을 받게 된다. 오늘날 제시하는 다른 어떤 전도 훈련법보다도 훨씬 효과가 뛰어난 전도 실전 체험이 된다. 일단 제자들이 전도에 실제로 뛰어들게 되고, 전도 대상자들과 '구속적인 친구 관계'를 맺게 되면, 전도에 필요한 도움이 무엇인지 발견하게 되고 전도 훈련에 아주 뛰어난 학생이 될 것이다.

LTG에 대해서 처음으로 소개했던 『추수 때를 위해 지도자를 일으키라』는 책을 출간한 이후로, 나는 여러 나라를 여행하면서 갖가지 질문들을 수집해 왔다. 이 책의 부록 1번에 여러 가지 역사적인 자료들과 질문들을 실어놓았다. 나는 이 자료를 통해 여러분의 생각이 새로운 자극을 받고, 또 여러분 각자 자신의 상황에 가장 알맞은 질문으로 새롭게 만들어 가길 바란다.

성경을 읽으면서 의문나는 점은 어떻게 해답을 찾나요

교회가 취해야 할 아주 중요한 태도 가운데 하나는 교인들이 아무런 수치심 없이 "잘 모르겠는데요"라고 말할 수 있는 자유를 주는 것이다. 우리가 잘 모른다는 사실을 기꺼이 인정해야 무엇인가를 배울 수 있는 법이다.

놀라운 사실 중 하나는 LTG 모임 안에서 성장하는 제자들은 똑같은 말씀을 반복적으로 읽어 가면서 자기 질문에 스스로 답을 찾아간다는 것이다.

이전에 매주 나와 함께 모임을 갖던 한 형제는 목사인 나와의 만남을 이용해서 나를 '골탕 먹이는' 좋은 기회로 삼으려고 했다. 처음으로 에베소서를 매주 읽어 나가는 동안에는 조그만 수첩을 꺼내더니 생각나는 질문이란 질문은 모두 적어 두었다. 그런 후에는 다같이 읽기로 한 부분을 반복해서 읽어 나갔다. 다음 수요일 아침 모임이 시작되자 그는 마치 경찰 수사관이라도 된 것처럼 수첩을 펴 놓더니 목사인 나를 앉혀놓고 질문을 퍼붓기 시작했다. 그런데 그 다음 주부터 일어난 일들이 참으로 놀라왔다! 그는 미리 준비해 온 것 중에 첫 번째 문제를 놓고 열정적으로 달려들어 나의 놀라운 지혜를 시험하고자 했다. 그런데 문제를 다 읽기도 전에 고개를 떨구더니, "어? 이 문제에 대한 대답은 알 것 같은데……" 라고 말하는 것이었다. 그리고 그 다음 질문으로 넘어가더니 역시 똑같은 반응을 보였다. 이런 일이 몇 주 동안 계속되더니 결국 그는 스스로 성경을 이해할 수 있다는 사실을 깨닫게 되었고, 새로 LTG 모임을 시작했다. 그가 시작한 LTG 모임은 내가 속해 있던 어느 모임보다도 더욱 빠르게 배가되었다. 네 달이 채 지나기도 전에 놀라운 성장을 보이며 배가한 것이다!

결국 일은 이렇게 된 것이다. 그가 첫 주에 성경을 읽으면서 여러 가지 질문들이 떠올랐고 그것을 일일이 다 적어 두었다. 그런데 한 주 동안 그 부분을 5번 정도 반복해서 읽었기 때문에 결국 한 주가 끝날 무렵이 되어서는 스스로 질문에 답할 수 있을 만큼 성경을 이해하게 된 것이다. 나는 그가 자기 스스로 성경을 읽을 수 있고, 성경을 해석하기 위해 굳이 목사의 도움을 받지 않아도 된다는 사실을 깨닫는 모습을 보며 참으로 기뻤다.

물론 모든 질문이 이런 식으로 해결책을 얻는 것은 아니다. 모든 질문에 해답을 얻지 못한다고 포기하는 법을 배우는 대신, 누구든지 쉽게 사용할 수 있는 유용한 책들을 몇 가지 소개하고자 한다. 나는 사람들에게 다음의 책들을 권했다.

- 『구약의 난해한 말들;예수님; 바울』 - IVP에서 발간한 연속 출판물
- 글리슨 아처의 『난해한 성경구절 백과사전』 - 한 권으로 된 아주 유용한 책

복음주의 학자들이 썼기 때문에, 이 책들은 우리 안에 일어날 수 있는 여러 가지 질문들에 대해서 중개자가 없어도 문제를 풀어 나가도록 해 준다. 이 책은 교과 과정이라기보다는 주석서에 가까운 책들이기 때문이다. 이 책에서는 그리스도인들 스스로 성경을 연구하고 상고하면서 제기된 문제들을 실어 놓았다. 하지만 주석서를 참고하기 전에 먼저 성경으로만 모임 안에서 문제의 해답을 찾아 볼 것을 추천한다. 다른 사람들이 던져 주는 빠르고 조리 있는 해답에 의존하기 이전에 스스로 성경을 읽으면서 생각해 보며 답을 찾아볼 수 있도록 사람들에게 도전을 주라. 우리가 그러했듯 여러분들도 그 해답을 찾을 것이다. 그 답은 생각하는 것만큼 그리 부담스럽지 않다.

사람들은 전형적인 LTG 모임에 대해 뭐라고 말하나요

책임감을 점검하는 질문서는 사람들이 서로 활발하게 자신을 나누도록 해 준다. 이 전에는 부끄러워 감히 입 밖에도 못 꺼냈던 주제들을 내어 놓고 자유롭게 이야기를 나눈다. 한때는 자기 혼자만의 문제라고 생각하며 고독하게 지냈지만, 이제는 여러 사람이 공통적으로 가진 문제들임을 발견하면서 그 유혹을 극복할 수 있는 효과적인 생각들을 서로 나누게 된다. 두세 사람이 팀으로 함께 하는 모임 안에 죄를 이길 힘이 있는 것이다!

또는 함께 읽었던 말씀을 가지고 활발한 토론이 진행되기도 한다. 책임 점검 질문서(9번)에 대답하면서, 자신이 읽었던 진리를 생활 속에서 어떻게 적용할 것인지에 대해서도 자연스럽게 나누게 되는 것이다. 지난 일주일 동안 생각났던 질문들이나, 갑자기 머릿속에 떠오르는 적용들, 또는 자신에게 특별하게 다가왔

던 영감 있는 말씀들에 대해서 이야기할 수도 있다.

나는 모임 안에서 말씀을 읽고, 질문서를 가지고 죄를 고백하며 기도하는 것 이외에 다른 활동을 하는 것은 일부러 제외시켜 놓았다. 질문서만으로도 사람들이 함께 의미심장한 부분을 가지고 이야기를 나누는 것에 있어서 아무런 문제가 없다는 것을 보았기 때문이다. 사실, 내가 소속되어 있었던 모임들 대다수가 모임을 제시간에 마칠 수가 없어서 직장에 늦는 일들도 있었다. 실제 함께 모임을 했던 형제들 중 하나는 자기 질문서에 "지난 한 주 동안 매일 해야 할 일을 제시간에 마쳤습니까"라고 쓴 사람도 있었다. 우리는 그 형제를 위해서라도 그날 모임을 제시간에 마치기 위해서 정말 최선을 다했다.

우리 교회에서는 어떻게 시작할 수 있나요

우리는 여러분이 조직적으로 모임을 시작하기보다는 근본적으로 시작할 것을 권한다. 다른 말로 하자면, 여러분 교회의 장로나 집사회에서부터 시작하지 말고 일반 성도들 사이에서 먼저 하나씩 시작하기를 바란다는 것이다. 교회의 가장 밑에서부터 시작하라. 여러분과 새신자들 그리고 진리를 찾고자 하는 사람들이나 절대적인 도움이 필요한 그리스도인들과 먼저 모임을 시작하라. 그런 후에는 다음의 두 가지 방법으로 모임의 수를 늘려 나가라. 첫째, 여러분이 속한 모임 자체를 배가시켜 나가고, 둘째, 다른 사람들에게 이 책을 소개하거나 어떻게 모임을 시작할 수 있는지 알려 줌으로써 새로운 모임을 시작할 수 있다. 영적으로 성장하기 원하는 사람이 있다면 그를 다른 그리스도인에게 소개시켜 주면서, LTG의 단순한 시스템을 사용해서 어떻게 서로를 도와줄 수 있는지 설명해 주면 된다. 그리고 서너 주 정도 그들과 함께하면서 도와주고 앞으로 이 시스템을 어떻게 실행할 것인지 물어본다. 이 과정에서는 특히 옆에서 어떤 식으로 도와주는지가 관건이 된다. 이들은 LTG 과정에 대해 아무런 경험이 없기 때문에 스스로 방향을 잡아갈 수 있도록 좀 더 직접적인 지도를 해 주는 것이 필요하다.

그리스도를 필요로 할 뿐 아니라 그의 도움의 손길을 갈망하는 사람을 보기란 그리 어렵지 않다. LTG는 상담을 원하는 사람이나 12단계 회복 프로그램을 벗어나 새로운 모임에 참석하고자 하는 사람들, 또는 프로미스 키퍼 집회에 참석한 뒤 힘과 열정이 넘치는 상태에 있는 사람들을 자연스럽게 연결시켜 주는 역할도 해 준다. 새신자들에게도 자연스럽게 도움을 줄 수 있다. LTG는 또한 대형 전도 집회에서 그리스도를 영접한 사람들이 올바로 균형 잡힌 신앙생활을 할 수 있도록 도와줄 수 있다.

이런 사람들로 구성된 모임이 차츰 성장하고 배가하기 시작하면서, 교회 안에 거룩한 질투심을 불러일으키게 된다. 그들의 생활이 변화되는 모습을 보면서 사람들은 변화에 대한 갈급함을 느끼는 것이다.

LTG는 또한 믿지 않는 영혼들을 그리스도께로 불러 오는 좋은 수단으로 사용될 수 있다! 도움이 필요한 친구들이나 이웃들, 동료들, 가족들이 모임에 참석하면, 그들도 성경을 읽으면서 하나님의 음성을 듣게 되고, 또 믿을 만한 관계 안에서 자신의 죄를 고백하면서 구원자이신 예수를 만나게 된다. 믿지 않는 사람들의 눈에 완벽한 척하지 않는 그리스도인을 보는 것 자체가 신선한 충격이 되는 것이다! LTG는 서로를 향한 사랑과 격려 안에서 의로운 자로 서 가게 한다. 이제 갓 태어난 영적인 아기에게 하나님 나라를 보여 주는 데 이보다 더 나은 장소는 없을 것이다!

모임은 얼마 동안 지속해야 하나요

LTG는 살아 있는 유기체이기 때문에 자기만의 수명을 가지고 있다. 어떤 모임은 3년 동안 지속되기도 했고, 또 어떤 모임은 무려 한 달 사이에 배가되기도 했다. 믿지 않을지는 모르지만, 모임이 순식간에 배가되는 것은 아주 흔하게 일어나는 일이다! 일 년 동안 모임이 배가되지 않는다면, 이제 더 이상 배가될 수 있는 기회는 없을 것이다. 하지만 이 일로 너무 걱정하지는 말기 바란다. 중요한 영적인 원칙을 시도했다는 자체로 여러분은 유익을 얻었기 때문이다. 또한 평생토록 시도할 수 있는 시스템을 배우지 않았는가. 하지만 여러분이 성실하게 참석했는데도 일 년이 지나도록 모임이 배가하지 않는다면, 직접 다른 모임을 시작하면서 스스로 배가를 시도해 보라.

스스로 배가하는 모임들은 인조 씨앗이 아닌 진짜 말씀의 씨앗으로 심었기 때문에, 굳이 배가를 설득하고 강요하거나 조종할 필요가 없다. 사실 경험상으로 볼 때, 배가해야 한다고 입을 열어 이야기할 필요조차도 없었다! 물론 배가에 대한 비전을 나누는 것은 좋지만, 진정한 원동력은 씨앗 그 자체에서 나오고 좋은 토양에서라야 싹이 트는 것이다.

모임이 소멸되는 데는 두 가지 양상이 있다. 하나 또는 두 개의 다른 모임을 탄생시키거나 그 자체로 사라지는 것이다. 두 가지 모두 발생할 것이고, 또 그렇게 될 것을 기대해야 한다. 씨 뿌리는 자의 비유를 다시 한 번 읽어 보라(막 4:1~20)! 복음에 대해 각각 다르게 반응하는 네 가지 종류의 토양이 있지만 열매 맺는 것은 한 가지뿐이다. 여러분이 속한 모임이 스스로 소멸된다고 해서 낙심할 필요는 없다. 또 다시 시도하라. 결국엔 이전의 낙심과는 비교할 수 없는 큰 열매를 보게 될 것이다.

|제12장|
재생산하지 못하는 모임 바로 잡기

LTG 모임이 전 세계적으로 시작된 이후, 모임에 참석하게 된 사람들과 이야기를 나눌 수 있는 기회가 있었다. 때때로 사람들은 모임이 생각보다 효율성이 적다고 나에게 이야기한다. 나는 그들이 이 책에서 나눈 원리들을 제대로 활용하지 않고 적당히 타협하기 때문에 그런 일이 발생한다는 것을 알게 되었다. 모임이 배가되지 못하게 방해하는 전형적인 4가지 문제점이 있다. 이 장에서 나누는 내용들 가운데는 앞에서 이미 말했던 내용이 다시금 반복된 것도 있다. 하지만 여러분이 LTG 모임에서 그리 좋은 결과를 보지 못하고 있다면, LTG의 기본 원리를 다시금 반복할 수 있는 좋은 기회가 될 것이다.

성경 분량 줄이기 증후군

누구든 자신이 속한 모임은 전혀 효과를 보지 못한다고 말할 때 내가 제일 처음 물어보는 질문이 있다. "매주마다 읽는 성경 분량이 얼마나 되지요?" 대체로 일주일 읽을 분량을 5장이나 15장으로 확 줄이는 경우가 많다. 하나님의 말씀은 사람의 마음을 변화시킨다(히 4:12). 날마다 먹는 말씀의 분량을 줄이게 되면 변화의 과정도 늦춰지기 마련이다. 더욱 풍성한 말씀이 더 신속한 변화를 가져오고, 빈약한 말씀은 더딘 변화를 가져오는 법이다. 이 책에서 내가 설명했던 자연적인 배가를 직접 체험하고 싶다면, 날마다 먹어야 하는 하나님의 말씀을 다른 것과 타협해서는 안 된다.

엉뚱한 제자 선택 증후군

두 번째로 발견하는 문제는 제자를 선택하는 데 있어서 잘못 타협하는 것이다. 우리가 제자를 삼기 위해서 해야 할 가장 중요한 것은 필사적으로 도움이 필요한 죄인을 찾아내는 것이다. 가망이 없는 사람일수록, 인생의 변화가 확연히 드러난다. 경건한 그리스도인들과 함께 모임을 시작한다면 그들의 삶에서 놀라운 변화를 볼 수 없다는 사실을 발견할 것이다. 그들의 인생은 바뀔 것이 그리 많지 않기 때문이다. 예수께서는 선하고 종교적인 사람들을 데리고 제자 훈련을 시작하지 않으셨다. 오히려 인생의 쓴맛을 보던 그렇고 그런 죄인들과 함께 시작하셨다. 이후, 예수님의 제자들이 놀랍게 지도력을 발휘하게 되자 종교 지도자들도 돌아오기 시작했다. 그 선두 주자가 니고데모였고, 뒤를 이어 아리마데 요셉도 그러했다. 마침내 가장 극적으로 돌아온 사람이 바울이었다. 결국 많은 수의 종교 지도자들도 제자들의 대열에 참여하게 된 것이다(행 6:7). 하지만 이들 중에는 사람들에게 축복이 된 이들도 있고 문제거리를 안겨 준 이들도 있었다(행 15:5). 만약 예수께서 처음부터 종교 지도자들을 데리고 시작하셨더라면 기독교의 모습이 얼마나 달라졌을지 한번 상상해 보라. 이것은 마치 헌 가죽 부대에 새 포도주를 부어넣는 것과 같아서, 부대는 터져 버리고 귀한 포도주만 아깝게 쏟아버렸을 것이다.

나는 하나님 나라의 제자를 고르는 기준을 일부러 아주 단순하게 제시했다. 그래야 기억하기 쉽기 때문이다(또한 아주 성경적이다). 사람들은 보통 이렇게 물어본다. "그리스도인들과 함께 시작해야 할까요? 아니면 비그리스도인들과 시작해야 할까요?" 이것은 애시당초 올바른 질문이 아니다. 그 사람이 그리스도인이든 아니든, 예수님만이 해결할 수 있는 필사적인 도움을 요청하는 사람과 시작해야 한다. 보통 목회자들은 교회 지도자들과 함께 모임을 시작하고픈 유혹을 받기 마련인데, 그렇게 되면 아무런 극적인 결과를 체험하지 못한 채, LTG 시스템은 포기하고 예전에 했던 방식대로 돌아가 버리게 된다.

우리가 '이미 헌신된 기독교 지도자들'과 함께 모임을 시작한다면 절망적인 죄인들과 모임을 시작하는 것보다 인생의 변화가 적을 것은 불을 보듯 뻔한 일이다. 더 이상 변할 것이 없는 사람들이라고 생각하기 때문이다. 물론 교회 지도자들끼리 서로 책임지고 돌보는 모임을 만들고, 그 모임으로 교회 전체에 영향을 미치려는 유혹을 느끼는 것은 이해할 수 있다. 하지만 일단은 절대적인 필요를 호소하는 사람들과 함께 모임을 가지면서, 이 모임이 어떻게 진행되는지 지도자들이 지켜보도록 하는 것이 좋을 것이다. 그들의 삶과 주위의 사람들의 삶이 어떻게 변해가는가를 지켜보면서 지도자들의 마음 가운데 거룩한 질투심이 일어나게 하는 것이다. 그들 안에 변화가 있는 것을 보면서 자신들도 똑같은 변화를 받고자 소망하는 사람들도 생겨날 수 있다. 혹 지도자들 안에 그런 소망이 일어나지 않는다고 하더라도 실망할 필요는 없다. 결과적으로 예수님과 다른 사람들에 대한 사랑으로 불타는, 능력 있고 성실한 새로운 지도자들이 일어나지 않았는가.

그래도 여러분 교회의 지도자들과 모임을 갖고 싶다면, 그 모임과 더불어 죄인들과 함께 또 다른 모임을 시작해 나갈 것을 제안하고 싶다. 교회 지도자들의 자질을 시험해 보면서, 또한 내가 이 책에서 그토록 설명했던 내용이 진실인지 아닌지도 동시에 시험해 볼 수 있는 좋은 기회가 될 것이다. 또한 두 모임을 비교하면서 많은 것을 배울 수 있을 것이다. 내 말이 맞다면 여러분은 이제 막 좋은 교훈을 얻은 것이 되고, 여러분의 선택이 맞다면 또 다른 좋은 교훈을 얻은 것이 될 것이다.

지도자 세우기 증후군

LTG 시스템을 다른 것과 타협할 때 발생할 수 있는 세 번째 문제점은 모임 안에 보충용 자료를 추가한다던가 지도자를 세우는 것이다. 듣기에는 불쾌하겠지만, 목회자들 중에 성령님과 하나님의 말씀이 최고의 선생이 되신다는 사실을 신뢰하지 않는 경우가 간혹 있다. 오히려 '더 나은 자료'를 들먹거리며 모임을 방해하고, 과정 전체에 부족한 점이 있다고 말하기도 한다. 목회자들 자신은 인정하지 않을지 모르지만 사실 그들은 엉뚱한 신념을 행동으로 옮기는 실수를 범하고 있다. 으레 받을 수 있는 유혹이지만 반드시 떨쳐버려야만 한다. 하나님과 그 말씀을 믿는 자는 결코 수치를 당하지 않을 것이다(롬 10:11)! 지도자는 그 모임 안에서 자연스럽게 세워지게 된다. 하지만 인위적인 방법으로 지도자를 세우게 되면 오히려 모임 안에서 자체적으로 일어날 수 있는 자연적인 과정을 방해하게 된다.

교회 프로그램으로 만들기 증후군

LTG가 성공을 거두지 못하게 되는 네 번째 이유는 LTG 시스템을 교회의 가장 밑부분에서 시작하는 대신 프로그램으로 만들어 사용하기 때문이다. 사역의 요구를 즉각 충족시키는 해법을 발견하려는 욕심에, 목회자들은 LTG 시스템을 모든 사람들이 참여하는 전체 프로그램으로 변질시켜 버리고 심지어 함께 모일 사람들을 지정해 주기까지 한다.

이 방법은 이 책에서 제시했던 기본적인 가치와 원칙들과 직접적으로 어긋난다. 물론 어떤 면에서는 효과를 보기도 하겠지만, 그런 식으로 시도하는 것은 그리 추천하고 싶지 않다. LTG 시스템은 자연스런 인간 관계가 형성된 상태에서, LTG의 영향력이 유기적으로 발전될 수 있도록 해 줄 때에 더욱 큰 효과를 볼 수 있다.

그래도 여러분이 이 시스템을 프로그램으로 사용하고자 한다면, 여러분들도 유기체적인 형태의 모임을 한두 개 시작해 볼 것을 권하고 싶다. 아마 이런 식으로 자연스럽게 시작한 모임이 교회 안에 진정한 변화를 가져온다는 사실을 깨닫게 될 것이다. LTG 시스템을 교회의 전반적인 프로그램으로 사용할 경우, 첫 번째 시도를 통해 즉각적인 결과가 드러나지 않는다면(여러 가지 원칙들을 타협했기 때문이다) 곧장 철회시켜 버릴 위험성이 있다. 그러면 교회 사람들은 제대로 시도해 보지도 않은 상태에서, "전에도 시도해 봤는데 아무런 효과가 없었잖아"라며 시큰둥하게 된다.

만약 여러분이 이 책에서 말한 것과 같은 변화를 경험하지 못한다면 다시 근본 원칙으로 돌아가 혹시 제대로 지키지 않고 한두 가지 타협한 것은 없는지 살펴보라. 이 책의 내용들이 모두 틀린 것이라고 단정짓기 전에, 여러분이 지금 하고 있는 일이 내가 설명했던 내용과 틀림없이 일치하고 있는지 살펴보라. 여러분들이 내가 제시한 가치를 다 인정하지 않는다거나 개인적으로 참작하고 싶은 다른 사람의 의견이 있기 때문에 몇 가지 방법을 바꿔서 활용할 수도 있다. 그렇게 해도 상관은 없다. 다만 이 원칙이 어떻게 효과를 볼 수 있는지 깨닫기를 바란다. 원칙을 줄여 나갈수록, 그 효과도 감소될 수밖에 없다.

내가 제시한 방법이 여러분의 상황과 잘 맞지 않는다면, 방법이 있다. 내가 설명했던 원칙을 그대로 적용하되, 여러분에게 가장 잘 맞는 방법을 개발할 수 있는지 살펴볼 것을 제안하고 싶다. 방법 자체로 인생을 변화시킬 수는 없다. 오직 하나님의 영과 성경적인 원칙만이 사람을 변화시키는 것이다.

최근에 어느 젊은 지도자와 이야기를 나눈 적이 있다. 그 청년은 LTG를 주제로 한 내 강의 테이프를 듣고 나서 자신이 시작한 모임이 예상한 것만큼 좋은 결과를 보이지 않는다고 하소연했다. 나는 일반적으로 사람들에게 질문하는 내용들을 물어보았는데, 그 청년은 여러 가지 원칙 가운데 어느 하나도 타협하지 않고 내가 말한 가치를 모두 잘 이해하고 있었다. 마지막으로 나는 그가 모임을 시작한 지 얼마나 되었는지 물어보았다. 그는 거의 분노에 가까운 목소리로 외쳤다. "벌써 한 달이 넘었어요!" 나는 그 청년의 놀라운 믿음에 정말 도전을 받았다. 나는 그에게 좀 더 인내하면서 모임을 계속 진행하라고 조언해 주었다.

한 달 안에 이 세상을 뒤집어 놓을 수 있으리라 기대하지 말라. 한 세대라면 모를까, 하지만 한 달은 도저히 무리다. "우리는 일 년 동안 할 수 있는 일을 과대 평가하고, 오 년 안에 할 수 있는 일은 과소 평가하는 경향이 있다"라는 말은 정확한 진리다. 배가는 아주 느리게 시작되지만, 일단 움직이면 가속도가 붙게 된다는 사실을 기억하라.

또한 모든 모임이 똑같은 결과를 만들어 내지는 않는다는 사실을 명심하라. 어떤 모임은 절대 배가되지 않는가 하면 어떤 모임은 짧은 시간에도 엄청나게 배가를 거듭한다. 예수께서는 네 가지의 토양이 있다고 하셨고, 그 가운데 오직 좋은 흙만이 열매를 만들어 낸다고 말씀하셨다(막 4:3~20). 언제나 얼마만큼의 씨앗은 잃게 된다는 사실을 마음에 두라. 그리고 좋은 토양도 서로 다른 3가지의 역량을 가지고 있음을 기억하라. 30배를 맺는 것도 있고, 60배를 맺는 것도 있으며 100배의 열매를 맺는 것도 있다(막 4:8). 열매 맺는 것은 모두 좋은 것이지만, 그 양이 언제나 동일한 것은 아니다.

| 결론 |

예수께서 말씀하시는 교회

나는 미국 남서부 지역에서 활동하는 우리 교파의 교회 개척 사역 책임자로 섬기면서, 긴급하게 자문을 해 줄 것을 요청받은 적이 있다. 그 교회는 지도자 문제로 골머리를 앓고 있었고, 나는 문제의 원인을 찾아 해결하기 위해 교회 안의 여러 사람들을 직접 만났다. 그 교회가 안고 있는 주된 문제는 우리 교파에 들어오기 위해서 교회 헌법과 조례를 자체적으로 세우고자 하는 것이었다. 대다수의 사람들은 교회 안에 헌법과 조례가 없으면 교회가 아니라고 느끼는 것이 분명했다. 반면, 교회 개척자는 교회 안의 성장과 발전이 더욱 중요한 당면 과제라고 생각했기에, 이 문제를 놓고 교회 안의 몇 사람들과 대치 상태에 있었다.

이 상황에서 나는 잠시 주님과 홀로 고요한 시간을 가져야겠다고 생각했기에 혼자 밖으로 나가 점심 식사를 했다. 식당에 앉아 주님께 내 생애에 아주 중요한 질문을 드렸다. "무엇이 교회를 교회답게 하는 것인가요?"

그때 한 친절한 종업원 아가씨가 식사 주문을 받으러 왔다. 주문을 다 받아 적고 뒤돌아서는데, 나는 그 아가씨가 물고기 모양을 한 반지를 끼고 있는 것을 언뜻 보게 되었다. 내 안에 이런 생각이 스쳐갔다. "주님이 특별히 나를 위로하고 내 질문에 대답하시기 위해서 이 자매님을 보내주셨구나. 교회란 이 사소한 문제들보다 훨씬 크다는 것을 보여 주시려고 말이야."

물고기 문양은 초기 교회 당시 그리스도를 나타내는 상징이었다. 이것은 교회가 끔찍한 박해로 고난을 받고 지하, 곧 카타콤으로 몸을 숨기기 시작했을 때부터 사용되었다. 그리스도인들은 극심한 박해가 계속되는 동안, 지팡이나 발가락으로 흙 위에 반원의 호를 그리는 것을 하나의 전통으로 삼게 되었다. 상대방도 그 반대편에 반원을 그려서 물고기 모양을 완성하게 되면, 그로써 서로 그리스도인임을 확인하고 박해에 대한 두려움 없이 자유롭게 교제를 나누었다. 이런 역사를 가지고 있는 물고기 문양은 지금까지도 그리스도인을 상징하는 표시로 사용되고 있다.

나는 그 아가씨가 음식을 가지고 올 때 신앙을 가진 사람인지 물어보리라고 마음 먹었다.

아가씨가 음식을 가지고 오자 나는 아가씨에게 이렇게 물어 보았다. "손에 물고기 모양이 새겨진 반지를 끼셨던데……, 혹시 기독교인이신가요?"

아가씨는 주저함없이 "아뇨, 제 별자리가 물고기 자리라서요."라고 대답했다.

이런! 내가 예상했던 대답과는 아주 달랐지만, 어쨌든 주님께서는 이것을 통해 나의 고민에 대답해 주셨다. 자동차의 범퍼에 붙이는 물고기 스티커로 교인임을 구별할 수 없듯이, 교회 법과 조례를 가지고 교회를 규정할 수는 없는 것이다. 높은 건물 꼭대기에 세워둔 첨탑이나 "교회"라고 써붙인 간판으로 예수 그리스도의 진정한 교회라고 말할 수 없다. 예수께서는 우리가 '서로 사랑'할 때, 세상이 우리가 하나님께 속했음을 알아보리라고 말씀하셨다.

식당에서의 일을 통해 나는 예수께서 말씀하시는 교회가 무엇인지 연구해 나가기 시작했다. 예수께서는 '교회'라는 말을 언급하신 것은 단지 두 번 정도에 불과하지만, 예수께서 마태복음 16장 13~18절까지 하신 말씀을 살펴보면 교회의 모습이 어떠해야 하는지 충분히 배울 수 있으리라고 생각한다.

예수께서 교회에 대해 처음 언급하신 것은 제자들과 함께 빌립보 가이사랴로 쉬러 가셨을 때였다. 그때 예수님은 제자들에게 '깜짝 퀴즈'를 내셨다. 일반적으로 선생님들이 깜짝 퀴즈 문제를 즐겨 내는 이유가 바로 여기에 있다. 깜짝 퀴즈는 우리가 진짜로 알고 있는 것이 무엇인지 보여 주기 때문이다.

첫 번째 질문은 수월했다. "사람들이 나를 누구라고 말하느냐?" 이 질문은 제자들 모두가 신이 나서 대답할 수 있는 문제였다. 제각기 자기 이론을 펼치며 토론에 뛰어들었다. 다른 사람들이 저지른 실수에 대해서 늘어놓는 것은 언제나 식은 죽 먹기다. 하지만 그 질문은 이제 겨우 시작에 불과하다는 사실을 제자들은 전혀 모르고 있었다.

두 번째 질문이 진짜 시험 문제였다. 모든 사람이 한번쯤은 대답해야 할 가장 중요한 질문이고, 우리의 영원한 운명이 달려 있는 문제다. 예수께서 물으셨다. "그렇다면 너희는 나를 누구라고 말하느냐?" 성경에는 그렇게 나와 있지 않지만, 나는 예수님의 그 질문을 듣고 모든 사람이 일시에 쥐 죽은 듯 조용해졌으리라 생각한다. 또한 조금 전까지만 해도 열정에 불타 이글거리던 모든 이들의 눈이 이제는 힘이 빠져 땅바닥만 주시하고 있는 모습도 충분히 짐작이 간다. 이 질문에 대답하기 어려운 것은 이것이 개인적인 부분을 다루기 때문이다. 혹시라도 잘못 대답했다가는 완전히 바보가 되는 것이다.

너무나도 중요하고 어려운 질문이기에 모두 긴장으로 얼어붙었다. 모든 제자들의 눈이 천천히 베드로 쪽을 흘끔거리며 살피는 모습도 상상이 간다. 평소에 항상 그랬듯이 이번에도 용감하게 나서서 자신들을 이 궁지에서 벗어나게 해주길 간절히 기대하는 것이다. 어정쩡한 침묵 속에 어색하게 서 있던 베드로는 결국 자신이 직접 총대를 매기로 작정했다. 베드로는 큰 소리로 힘주어 용감하게 외쳤다. "주님은 그리스도시요, 살아 계신 하나님의 아들이십니다." 베드로의 말을 듣는 순간 예수께서는 분명히 웃음을 지으셨을 것이고, 제자들 사이에 흐르던 어색한 긴장도 일시에 사라졌을 것이다. 그리고 베드로는 의기양양하며 으쓱거렸을 것이다(물론 얼마 후에는 예수님께 엄청나게 깨졌지만). 예수께서는 베드로의 인생을 바꿀 놀라운 복을 허락하셨다. "바요나 시몬아, 너에게 복이 있다. 네가 육체와 피로 나를 깨달은 것이 아니라, 하늘에 계신 나의 아버지의 계시로 깨달은 것이다."

베드로는 올바로 깨달았지만 그렇게 할 수 있기까지는 도움이 필요했다. 우리 모두도 예수님을 깨닫기 위해서는 하늘로부터 오는 도움이 필요하다. 지능지수가 높아야 한다거나 여러 가지 책을 연구한다고 얻어지는 것이 아니다. 우리를 천국에 이르도록 하는 것은 우리의 지적 능력이 아니라, 하나님의 은혜다. 하나님이 주시는 도움을 받을 때에야 진정으로 예수님을 깨닫게 되는 것이다.

여기서 자세히 살펴보아야 할 구절은 마태복음 16장 18절이지만, 나는 일부러 그 앞부분의 전체 문맥부터 살펴보았다. 예수께서 그 말씀을 시작하신 지점이기 때문이다. 교회란 과연 무엇인가에 대해서 이야기하기 위해서는 반드시 거기서부터 시작해야 한다. 교회의 시작과 끝은 예수님은 누구신가와 관련되어 있다. 예수께서 교회에 대해 말씀하신 부분은 예수님이 누구인지 보여 주는 하나님의 은혜로 시작해서, 그리스도께서 십자가 위에서 하신 일과 3일 만에 놀랍게 부활하신 사건으로 끝나고 있다(마 16:21). 우리가 다른 일은 제대로 하면서도 이 중요한 질문은 하찮게 여긴다면 우리는 진정한 교회가 아니다. 교회는 예수님으로 시작한다. 예수님은 누구신지, 그가 행하신 일이 무엇인지에 대한 사실에서부터 시작되는 것이다. 교회의 최대 관건은 예수님이시다. 예수님 외에 다른 것으로 시작된다면 더 이상 예수께서 말씀하시는 교회의 모습이 아니다.

이어서 예수께서는 베드로에게 이렇게 말씀하셨다. "또 내가 네게 이르노니 너는 베드로라 내가 이 반석 위에 내 교회를 세우리니 음부의 권세가 이기지 못하리라"(마 16:18). 예수께서 말씀하시는 교회의 모습을 다섯 가지로 살펴보고자 한다.

첫째, 예수께서 교회를 세우셨다

사람들이 교회를 세울 때 도움을 받을 수 있도록 갖가지 책과 테이프, 세미나와 CD가 시중에 나와 있다. 하지만 여러분의 손으로 세우는 교회는 더 이상 교회가 아니다. 예수께서는 "너희가 이 반석 위에 내 교회를 세우리니……"라고 말씀하지 않으셨다. 우리가 한 개인의 카리스마적인 성격이나 일대 혁신적인 방법으로 교회를 세운다고 해도 예수께서 직접 세우시는 교회와는 비교도 안 될 만큼 빈약하다.

둘째, 예수께서 교회의 주인이시다

예수께서는 그의 피를 흘려 교회를 사셨다. 예수께서는 "…… 너의 교회를 세우리니"라고 약속하지 않으셨다. 교회는 예수님께 속했다. 예수께서 직접 그의 교회를 세우신다.

작은 도시에 건물을 지은 건축업자 이야기를 읽은 적이 있다. 아주 실력 있는 목수였던 그는 그 지역에 사는 사람들을 위해 집을 많이 지었다. 그런데 안타깝게도 그는 자신이 살 집을 지을 수 있는 형편은 되지 않았다. 하루는 그 지역의 부자가 찾아와서 자신을 위해 집 한 채를 지어 달라고 부탁했다. "당신이 지을 수 있는 가장 멋진 집을 지어 주세요. 비용은 얼마가 들어도 상관없습니다. 잠시 여행을 다녀올테니 돌아오기 전까지는 집을 완공해 놓으세요."

건축업자는 그 일을 맡기로 했다. 그리고 이제 공사에 착수하려고 하는데 문득 이런 생각을 하게 되었다. "질이 좀 떨어지는 건축 자재로 대강 얼렁뚱땅 집을 만들어 놓더라도 장식만 좀 번듯하게 해놓으면 돈을 많이 받을 수 있을거야. 그럼 남는 돈은 내 주머니로 들어오는 거고, 나도 이제 내 집 한 채는 살 수 있겠지." 이런 계산 속에서 그는 집을 지었다.

얼마 후에 부자가 여행에서 돌아와 완성된 집을 보고는 아름다움에 흠뻑 반했다. 멀리서 보기에는 정말 멋진 집이었다. 그 남자는 사악한 건축업자를 향해 이렇게 말했다. "정말 아름답군요! 비용을 아끼지 않고 이렇게 멋진 집을 만들어 주셔서 참 감사합니다. 제 친구에게 선물로 주려고 특별히 주문했거든요." 부자는 건축업자에게 열쇠를 건네 주면서 "친구여, 여기 당신의 새 집이 있습니다"라고 말했다. 건축업자는 감사의 얼굴로 새 집의 열쇠를 받아들었지만, 그의 마음은 무너져 내리고 있었다. 비로소 자신이 무슨 일을 저질렀는지 깨달은 것이다.

만일 그 건축업자가 자신과 가족이 살 집이라는 사실을 알았다면 그 집을 짓기 위해 어떠한 수고와 정성을 들였을 것인가? 어떠한 건축 재료를 사용했을 것인가? 교회는 하나님의 건축 계획이며 그분께서 직접 거하시기 위해 세우신 것이다. 예수께서 직접 세우시는 교회는 아름답고 견고하다. 그분은 얼렁뚱땅 일하시는 분이 아니다. 교회가 분열되며 병든 모습을 보인다면, 이는 예수께서 일을 잘못해서가 아니라 우리가 주의 일을 가로챘기 때문이다.

셋째, 교회는 성장해야 한다

모든 사람들은 건물을 짓는 과정에 관심을 가진다. 하지만 건물의 규모를 둘러볼 때마다 날이 갈수록 더 작아진다면 마음이 끌릴 사람은 아무도 없다. 무엇을 짓는다는 것은 그것이 점점 커지는 것이지 더 작아진다는 의미가 아니다. 예수께서는 지금도 교회를 짓고 계신다. 따라서 교회는 반드시 성장해야 한다. 교회는 성장하도록 지어진 것이다. 교회는 영적인 성장을 경험해야 하며, 주를 알지 못하는 영혼들이 하나님 나라로 들어오는 모습을 볼 수 있어야 한다.

넷째, 성장하는 교회는 반대에 부딪히게 된다

예수께서는 교회가 성장하기 시작하면 방해를 받기 마련이라고 말씀하셨다. 그 방해란 지옥의 세력에서 오는 것이라고 말씀하셨다. 교회가 생기 있게 성장할 때마다 사탄은 교회가 성장하지 못하도록 온몸으로 방해하려고 한다.

교회가 지옥의 방해를 받는다는 것은 건강하다는 증거다. 어느 설교자는 "아침에 일어나자마자 원수의 머리를 공격하지 않으면, 당신은 엉뚱한 길로 빠지게 될 것이다." 에드 실보소는 우리가 마귀를 모르는 체하면 우리를 피해 도망갈 것이라고 성경에 나와 있지 않다는 사실을 지적한다. 우리는 반드시 견고히 서서 원수를 대적해야 한다.

『교회의 NCD 잠재력을 풀어놓아라』(도서출판 NCD, 2000)는 책에서 톰 클렉은 이렇게 말했다. "원수는 모든 사람을 두 가지 부류로 구분한다. 그가 무시해도 괜찮을 사람과 그가 대적하여 싸워야 할 사람으로 분류한다. 나는 원수와 대적해서 싸워야 할 사람이 되고 싶다." 그리고 계속해서 WWII의 폭격기 조종사로 일하는 자기 친구의 말을 인용했다. "대공포의 사격을 받는다는 것은 당신이 표적 대상이란 의미다."

다섯째, 하나님이 세우시는 교회는 결코 막을 수 없다

우리가 대면하는 원수는 보통 사람들이 상상하는 것보다 힘이 막강하다. 그는 태초부터 지금까지 인간의 본성을 지속적으로 연구해 왔다. 그는 오늘날 우리의 모습보다 훨씬 강하고 순전했던 아담과 하와를 대항하여 그 생명을 파괴하려고 덤벼들었고, 결과는 성공이었다. 그때 이후로 원수는 자신의 공격 무기를 완벽하게 다듬어 왔다. 그는 우리들의 약점과 취약성을 잘 알고 있다. 그는 자신의 명령에 언제라도 공격할 태세가 되어 있는 군대까지 두고 있다. 원수와 그의 군대는 눈에 보이지 않으나 지금도 우리 주변을 둘러싸고 있다.

이러한 전쟁 가운데 있는 우리의 모습을 떠올리려 할 때마다 교회가 피난처나 도피처로 상상이 된다. 강한 성루와 같은 교회 안에서, 우리를 둘러싸고 집어삼키려 하는 사악한 늑대 무리로부터 성도들을 방어하는 모습을 떠올린다. 하지만 이러한 모습은 예수께서 말씀하신 교회의 모습과 전혀 일치하지 않는다.

예수께서는 지옥의 문이 교회를 이기지 못할 것이라고 말씀하셨다. 어느 날 문득 문이란 공격용 무기가 아니라는 생각이 떠올랐다. 경찰은 사람들로 빽빽한 문을 굳이 포위하지 않는다. 우체국 직원들은 문이 반자동이라고 해서 손뼉을 치며 좋아라 하지 않는다. 테러범들은 문간에서 인질을 붙잡고 늘어지지 않는다. 줄 풀린 개들이 목에 '문 조심'이라고 써붙이고 돌아다니는 일도 없다.

문은 위협이 아니라 방어용이다. 예수께서 말씀하신 문이란 진주로 장식된 문이 아니라 지옥의 문이다! 교회는 방어자가 아니라 공격자의 위치에 있어야 한다. 교회는 문간에서 인질로 잡혀 참으로 오랜 세월을 보냈다. 그러나 이제는 더 이상 문을 보며 겁에 질릴 필요가 없다!

서구 교회들이 보통 방어적인 자세로 세상을 대한다는 것은 참으로 안타까운 일이다. ABC, CBS, NBC 등 잡다한 알파벳으로 이루어진 것들 때문에 위협을 느낀다. 뿐만 아니라 IRS(미 국세청)와 CIA(미국 중앙 정보부) 또는 FBI도 믿지 않는다. 심지어 ACLU(미국 자유 인권 협회)와 NAACP(전미 흑인 지위 향상 협회)까지도 두려워한다. 마치 구석에 내몰린 생쥐마냥 LDS(말일성도 예수그리스도 교회)와 JW(유태인의 복지회)로부터 자신을 지키기 위해 안간힘을 쓰고 있다. 이것으로도 부족해서 서로를 바라보며 심한 경계심을 갖는다. 공격적인 자세를 취하는 것이 죄로 느껴지는지, 자신이 방어자의 위치에 있지 않는 것을 불편하게 여기는 사람들도 있다. 우리가 너무 방어적이기 때문에 그들이 공격 자세를 취하는 것이다!

슈퍼볼(미국 프로 미식 축구의 왕좌 결정전: 역자 주) 경기 도중, 최강팀인 덴버 프론코스가 약체 그린 베이 패커스팀을 상대로 싸우면서 겨우 방어에만 급급하는 모습을 상상할 수 있겠는가? 방어력이 아무리 우수해도 점수를 올리지 않는 한 그 경기는 결코 이길 수가 없는 것이다.

한 번은 11세 된 남자 아이와 체스 시합을 했다. 그 아이는 난생 처음으로 체스 시합에 참가했는데, 조금도 양보없이 우리는 대등한 경기를 치루었다. 시합이 거의 끝나 갈 무렵이 되자, 아이는 이미 여왕 말을 잃었고, 그나마 살아 있던 왕도 내가 계속 뒤를 쫓고 있는 상황이었다. 아이가 왕을 움직이면 나는 그 뒤를 바짝 따르며 "장군!"을 불렀다. 다시 말을 움직이면 나도 따라서 "장군!" 또 움직이면, 또 "장군"을 외쳤다. 이런 식으로 계속 진행되자 나는 어떻게 해야 이 시합이 끝날 수 있을지 의아해졌다. 이렇듯 내가 승리에 대한 확신으로 백일몽에 빠져 있을 때, 아이는 전략을 구축했다. 함정을 판 것이다. 나는 대번에 함정에 빠지고 말았다. 나는 여왕을 잃었고, 판세는 역전되어 아이가 우세한 자리를 차지하게 되었다. 내 상황은 즉시 공격에서 방어로 바뀌고 말았다. 내가 말을 움직이면 아이는 공격해 오며 "장군!"을 불렀고, 다시 움직이면 아이도 따라오며 "장군!", 또 움직이면, 또 "장군"을 외쳤다. 나는 얼마나 관대한 사람인지……. 이런 식으로 나는 아이에게 승리를 양보한 것이다.

이 아이의 경우와 같이, 오늘날의 교회도 예수께서 말씀하신 것과 같은 모습을 갖추기 위해서는 방어자에서 공격자의 자세로 전환해야 한다.

몇 년전 유럽에서 사역하는 선교사들을 위해 지도자 세미나를 진행하기 위해 프랑스에 갔었다. 나는 여행을 떠나기 전에, 새로 아이가 태어난 것을 축하하기 위해서 몇 명의 친구들 그리고 가족들과 함께 연회에 참석했다. 그때 참석한 사람들 가운데에는 우리 부부만이 유일한 그리스도인이었다. 그 자리에 있었던 한 친구는 우리 부부가 곧 파리를 방문할 것이란 이야기를 듣더니 로뎅 박물관에 꼭 가봐야 한다며 입이 마르도록 강조했다.

로뎅은 프랑스의 인상주의 조각가다. 그의 이름이 생소하게 느껴지는 사람도 있겠지만, 그의 작품에 대해서는 대부분의 사람들이 익히 알고 있다. 그의 대표적인 조각이 바로 '생각하는 사람'이다. 그런데 이 조각은 로뎅이 '지옥의 문'이라는 자신의 위대한 걸작품 가장 윗 부분에 얹어놓기 위해 만들어 낸 습작품이라는 사실을 아는 사람은 그리 많지 않다. 그때까지 우리는 과연 '생각하는 사람'이 무엇을 생각하는 것인지 참 궁금했었다. 물론 전날 밤에 자기 옷을 도대체 어디다 두고 왔는지 고민하는 모습은 아니다. 그는 하나님과 분리되는 영원한 심판에 대해서 깊이 생각하고 있는 것이다.

그날 밤 연회 자리에서 만난 친구는 그가 봤던 지옥의 문의 모습이 어떠했는지 자세히 설명하기 시작했다. 아주 거대하고 인상적인 그 조각품에는 셀 수 없이 많은 사람들이 마지막 심판의 자리로 떨어지면서 심한 고통과 몸부림으로 괴로워하는 모습이 새겨져 있고, 바로 그 위에는 후회와 상념에 잠긴 '생각하는 사람'이 앉아 있다고 했다. 그 친구는 조각품의 형상에 대해 자세히 설명하다가 너무 열중한 나머지, 작품을 극찬하면서 "정말이지 지옥의 문은 죽을 때까지 쳐다보라고 해도 보겠더라니까!"라고 탄복했다.

친구가 말을 마치자 침묵이 흐르기 시작했다. 그 친구가 해 준 이야기가 너무나 사실적으로 들렸는지 몇 사람들은 어색한 웃음 소리를 내기도 했다. 그때 내 머릿속에 떠오른 대답은 단 하나, '글쎄, 난 별로 쳐다보기가 싫은데……'였다.

교회가 수동적이고 방어적인 자세만을 고집할 때 치러야 할 대가가 무엇인지 정확하게 보여 주고 있는 모습이다. 강한 성루 안에 몸을 숨기고 앉아 두려움에 벌벌 떨면서, 수많은 영혼들이 지옥의 세력에 포로로 잡혀 있든지 말든지 그저 방관하고 있는 것이다. 우리는 이제 방어자가 아닌 공격자의 자리에 서서 사로잡힌 영혼들을 풀어 주기 위해 지옥의 문으로 과감히 돌격해야 한다. 이것이 바로 예수께서 말씀하시는 교회의 모습이다.

교회는 어두운 세상 가운데 예수님의 사랑과 진리를 생기 있고 진실되게 표현할 사명을 띠고 있다. 또한 대장 되신 예수님이 교회와 함께 계시므로, 어느 누구도 교회의 행진을 막을 수 없다!

요약 정리

우리 교회 안에서 성장하는 제자들이 자연스럽게 배가해 나갈 수 있도록 풀어주려면 어떻게 해야 하는가? 올바른 흙에 올바른 씨앗이 심겨져야 열매가 맺힐 수 있다. LTG 시스템은 여러분의 사역 환경 안에서 자연스럽게 제자 배가가 일어날 수 있도록 도와주는 촉매제의 역할을 할 수 있지만, 무엇보다 여러분의 삶 안에 성장과 배가의 과정이 시작되어야만 한다. 먼저 여러분 자신의 삶이 변화되지 않는다면, 다른 사람의 삶이 변화될 것을 기대할 아무런 권리가 없을 것이다.

배가에는 지불해야 할 대가가 있다. 어미 연어의 대가 지불은 바로 죽음이다. 강 상류까지 죽을 힘을 다해 헤엄쳐 올라온 연어는 모래톱 가에 알을 낳은 다음, 비로소 삶의 마지막 최후를 맞는다.

하나의 밀알 또한 새로운 탄생을 위해 자신을 버린다. 예수께서는 이렇게 말씀하셨다.

"내가 진실로 진실로 너희에게 이르노니 한 알의 밀이 땅에 떨어져 죽지 아니하면 한 알 그대로 있고 죽으면 많은 열매를 맺느니라 자기 생명을 사랑하는 자는 잃어버릴 것이요 이 세상에서 자기 생명을 미워하는 자는 영생하도록 보존하리라"(요 12:24~25).

우리는 예수님의 제자로서 마땅히 자신을 부인하고 자기 십자가를 지고 그리스도를 따라야 한다. 이것이 진정한 복종의 전부다. 이것이 또한 고백이요, 회개며, 순종이다. 우리 안에 이러한 모습이 있을 때에 진정한 자기 부인이 있게 되고, 또 그런 이후에 새로운 생명이 탄생하게 되는 것이다.

우리는 단순히 우리의 시간과 재능과 재물뿐 아니라 그 이상의 것도 기꺼이 포기할 수 있어야 한다. 즉 하나님 나라를 위하여 우리 자신의 목숨까지도 버릴 준비가 되어 있어야 하는 것이다. 우리가 기꺼이 대가를 지불할 마음이 있고, 그리스도를 따르기 위해 기꺼이 목숨까지 바치고자 결심한다면, 결국 하나님 나라 가운데 풍성한 영적 추수가 일어나는 것을 보게 될 것이다. 초대교회는 하나님 나라의 확장을 위해 기꺼이 자신의 목숨을 내어 놓았기 때문에 세계 모든 사람에게 복음을 전할 수 있었다. 역사상 그리스도를 위해 자신의 목숨을 내어 놓았던 모든 교회들은 놀라운 영적 성장을 체험할 수 있었다. 처절한 핍박 속에서 오히려 교회가 번성하는 이유는 바로 이것이다. 하나님의 사람들은 핍박 아래 있을 때에 그들에게 가장 중요한 것이 무엇인지 선택할 수 있기 때문이다. 그들은 자신이 치러야 할 대가가 무엇인지 알고 이를 기꺼이 치른다. 그들의 육신은 죽지만 그들의 영적인 생명은 새로운 생명을 탄생시키기 때문에 교회의 성장은 배가를 통해서만 가능한 것이다.

과학적으로나 통계학적으로 볼 때, 밀 한 포기를 베는 대신 저절로 시들어서 자유롭게 열매를 맺고 자라도록 놔두면, 결국 8년 안에 세계 인구 전체를 일 년 동안 먹일 수 있을 만큼 배가하게 된다는 이야기를 들은 적이 있다.

그렇다면 배가를 통해 전 세계에 복음을 전하려면 얼마의 시간이 필요할까? 모든 그리스도인들이 일 년에 한 사람만이라도 그리스도께 인도하여 그를 제자화시키고, 또 그 다음 해에는 그 사람도 동일한 방법으로 제자를 삼을 수 있게 된다면, 전 세계를 복음화시키는 데에 35년이면 충분하게 된다! 우리 세대가 기독교의 마지막 세대일 수도 있다는 생각을 해 본 적이 있는가? 만약 우리 스스로 재생산하지 못하고 또한 다음 세대에게 생명의 횃불을 넘겨 주지 못한다면, 한 세대가 채 지나기도 전에 기독교는 소멸되고 말 것이다. 하지만 배가의 능력을 갖추게 된다면, 우리 세대가 지나기도 전에 대사명의 사역은 성취될 것이다. 선택은 바로 우리 자신에게 달려 있다.

|부록 1|
LTG용 책임 점검 질문서 견본

서로의 책임을 점검하는 질문서를 활용하는 것이 갑자기 개발된 새로운 아이디어는 아니다. 나는 지난 몇 년 동안 이런 질문서의 견본을 수집해 왔다. 나는 여러분이 자신의 경건 생활을 책임지고 지켜 갈 수 있도록 여러 가지 아이디어를 주기 위해 부록 안에 몇 가지 질문서를 실어 놓았다.

어떤 질문서든 각각 장·단점이 있기 마련이다. 질문서를 처음 사용하는 사람들을 위해, 어떤 질문서 형태를 사용하든 공통적으로 생각해 봐야 할 부분은 무엇인지 간단하게 설명하고자 한다.

율법주의

율법주의는 교회에 심각한 위협을 주며, 성경말씀에서도 이 부분에 대해 심각하게 다루고 있다. 신약성경에서 율법주의만큼 심한 정죄를 받는 죄악이 없다. 그보다 심한 죄악이 없다는 말이 얼마나 무서운지 한번 생각해 보라! 인간이 자신의 의로움을 과시하기 위해 인간의 손으로 만든 책임감의 시스템을 사용하는 것은 매우 흔한 일이다. 그 결과는 언제나 비극으로 끝나기 때문에 이는 반드시 피해야만 한다. 질문의 의도는 죄와 의로움이 무엇인지 규정지으려는 것이 아니라, 각 사람의 성품이 어떤 식으로 변화되어 가는지 툭 터놓고 이야기할 수 있는 토론장의 역할을 하는 것이다. 어떤 질문서는 다른 질문서에 비해서 각 사람들의 행위를 인간이 만든 행동 기준으로 구분하지 않도록 조심스럽게 접근하고 있다.

토론식 질문 VS 단답식 질문

예전에 어떤 분들이 이 책에서 제시하는 질문들은 너무 단답식이라서 자유롭게 토론을 이끌어 내지 못하는 단점이 있다고 지적해 주었다. 따라서 이번에는 토론식 질문으로 만들어 보았다. 질문서 가운데 한 가지 질문이 유독 "예", "아니오" 식으로 짤막하게 대답하도록 하고 있는데, 바로 "지난 한 주 동안 중독적인 행위에 빠진 적이 있습니까?"라는 질문이다. 그래서 우리는 바로 뒤에 "설명해 보세요"라고 간단히 적어 놓았고, 이것이 사람들에게 꽤 도움이 되었다. 토론식 질문이 좀 더 상세하고 자세한 토론을 유도해 낼 수 있다는 것은 사실일 것이다. 하지만 LTG 모임을 한 시간 안에 마칠 수 있도록 하려면 이렇게 균형을 맞추어 주어야 한다. 어쨌든 무조건 우리가 제시하는 대로 따라 하기보다는 여러분의 상황에 따라 자신이 선호하는 쪽으로 조절하면 된다.

영적인 성장을 이루려면 전도해야 한다

우리는 예수 그리스도를 말과 행실로 증거했는가라는 질문 때문에 모임의 영적인 성장과 재생산이 무척 빠르게 진행되는 것을 볼 수 있었다. 그리스도의 복음을 증거하는 부분이 포함되어 있으면 우리의 영적인 성품을 형성하는 데 있어서 영적인 성장에 가속도가 붙고 결과적으로 재생산이 일어나게 된다. 이는 책임 질문서를 사용하는 가운데 수차례 거듭 증명되고 있는 일이다. 단지 모임의 관심을 내부에서 외부로 - 잃어버린 영혼에 대한 관심으로 - 돌려놓기만 해도 LTG가 다른 모임과는 다르다는 사실이 증명될 수 있다. 자신의 죄된 행동들을 통제하기에만 급급한 여타 모임들과는 달리, LTG는 새로운 생명을 통해 성장을 이루고 제자들을 재생산해 낼 수 있도록 한다. 사람들이 영적으로 성장한다고 하면서도 대사명을 성취하지 못하는 것은 정말 말도 안 되는 소리다. 우리들은 심한 자기 기만에 빠진 나머지 영적인 성품을 성경에 나온 기본적인 명령에 복종하는 것과는 별개의 문제로 취급한다. 계속되는 박해의 위협 속에 사는 사람들에게 있어서 그리스도를 증거하는 것은 그리스도인으로서의 성품의 한 부분이다. 아무리 죽음과 맞닿은 삶을 살아간다고 해도, 그들은 그리스도인으로서의 성품과 말씀에 대한 복종을 다른 것과 타협하지 않을 것이다. 아무런 생명의 위협을 당하지 않으면서도 사람들이 많은 곳에서나 이웃에게 예수님을 이야기하는 것을 두려워하는 서구 교회들은 크게 부끄러워해야 할 것이다.

하나님의 음성을 듣는 것

다음에 나올 질문서 견본의 내용들은 사람들이 개인적으로 하나님과 어떻게 연결될 수 있도록 할 것인가를 주요 관심사로 두고 있고, 또한 우리는 마땅히 하나님과 개인적인 관계를 맺어야 한다는 것을 깨우쳐 주는 내용이다. 질문서의 내용이 구체적으로 행동할 사항들을 다루고 있지 않다면, 참가자들이 성령께서 인도하시는 음성을 들을 수 있도록 몇 가지 질문을 추가로 넣을 필요가 있다. 다양한 질문서의 내용이 사람들의 행동에 영향을 주기는 하지만 카드에 적힌 질문보다는 참가자들이 직접 하나님의 음성을 듣도록 해 주는 것이 삶 속에 더욱 큰 영향을 미친다. 이런 부분에 대해 깊이 생각을 해 본 사람이라면 질문의 내용을 조금 수정해서 사용할 것을 권하고 싶다.

이 부분에 있어서는 다소 균형이 필요하다. 이제 막 믿기 시작했거나 아직 그리스도를 믿지 않는 사람들이라면 좀 더 구체적으로 행동을 다루는 질문을 사용하고, 또 어느 정도 성장하고 성숙한 사람이라면 다소 구체적이지 않는 질문서를 사용해야 더욱 깊이 자신의 죄를 고백할 수 있다. 이렇듯 까다로운 면이 있기는 해도, 성숙한 사람들이 아직 예수님을 모르거나 갓 믿기 시작한 사람들과 함께 모임을 갖는 것은 아주 건강하고도 중요하게 작용하기도 한다. 어쨌든 우리가 하나님의 음성을 듣기 시작하고 각자 주님과 동행하는 가운데 겪는 개인적인 싸움들을 나눌 수 있도록 도움을 주는 것이 이 질문서의 주요 역할임을 이해해야 한다.

다음에 나오는 다양한 질문서를 읽어 내려가면서 그 내용을 잘 기억해 두라. 각 질문 내용의 장·단점이 무엇인지 잘 파악하게 되면, 여러분 자신의 필요에 가장 잘 맞는 질문을 스스로 선택하던지 혹 직접 질문의 내용을 만들 수 있을 것이다.

요한 웨슬리 소그룹에서 사용한 질문서

– '웨슬리 경건 클럽'의 질문서 –

1. 의식적으로나 무의식적으로 내 자신의 본 모습보다 더 나은 모습으로 보이려고 한 적이 있습니까? 나는 위선적인 행동을 하고 있지는 않습니까?
2. 나는 말과 행동에 있어서 정직한가? 혹 과장하지는 않습니까?
3. 나는 내 자신이 분명히 확신하고 있는 바를 다른 사람들에게 이야기합니까?
4. 나는 옷 입는 것이나 친구, 일, 또는 습관에 매여 있지 않습니까?
5. 나는 자의식이 강하거나 자기 연민, 자기 정당화에 빠져 있지 않습니까?
6. 오늘도 성경말씀이 내 안에 살아 계십니까?
7. 주께서 매일 성경을 통해 나에게 말씀하시도록 시간을 내어드리고 있습니까?
8. 나는 기도 시간을 즐거워합니까?
9. 내 자신의 믿음을 다른 사람들에게 마지막으로 나눴던 때는 언제입니까?
10. 나는 돈을 쓰는 데 있어서도 기도하고 있습니까?
11. 나는 제시간에 자고 제시간에 일어납니까?
12. 혹시 하나님께 불순종하고 있는 부분은 없습니까?
13. 내 양심이 허락하지 않는 부분을 굳이 행하려고 발버둥치고 있지 않습니까?
14. 내 삶 가운데 원수에게 패배한 부분이 있습니까?
15. 내가 생활 가운데 질투를 느끼거나 거룩하지 못하고, 비판적이거나 화를 잘 내거나 예민하게 반응하면서 남을 의심하지는 않습니까?
16. 여가 시간을 어떻게 사용합니까?
17. 나는 교만하지 않습니까?
18. 세리를 경멸했던 바리새인의 모습과 같이, 다른 사람들처럼 속되게 살지 않는다며 하나님께 감사하고 있지는 않습니까?
19. 혹시 내가 무서워하거나 싫어하거나 관계를 끊거나 비판하고, 분노를 느끼거나 무시하는 사람이 있습니까? 그런 사람이 있다면 어떻게 대처할 것입니까?
20. 계속 투덜거리면서 불평하고 있지는 않습니까?

21. 그리스도는 나에게 살아 계신 분입니까?

— '웨슬리단 모임'의 질문서 —

1. 지난 번 모임 이후 공개적으로 죄를 범한 적이 있습니까?
2. 당신은 지난 한 주 동안 어떠한 유혹을 받았습니까?
3. 이를 어떻게 극복했습니까?
4. 죄인지 아닌지 헷갈리는 부분은 어떻게 생각하고 말하며 행동했습니까?
5. 혹시 비밀로 감추어 두고자 하는 부분은 없습니까?

[참조] John Wesley's Class Meetings: a Model for Making Desciples, Michael Henderson, Evangel Publishing House, 1997, pp. 118~119.

— 척 스윈들 목사의 질문서 —

- 척 콜슨의 저서 『몸된 교회』(The Body)의 131쪽에 척 스윈들 목사와 소그룹 목회자들이 사용하는 7가지 질문서가 수록되어 있음

1. 지난 한 주 동안 어느 곳에서든 적절하지 못한 이유로 여성과 함께한 적이 있습니까?
2. 재정을 사용하는 데 온전하지 못한 부분은 없었습니까?
3. 성적인 자극을 주는 매체를 접한 적이 있습니까?
4. 성경을 공부하고 기도하는 데에 충분한 시간을 보냈습니까?
5. 가족들과의 시간을 최우선으로 잡았습니까?
6. 부르심에 합당한 사명을 완수했습니까?
7. 혹시 앞의 질문에 거짓으로 대답하지는 않았습니까?

— 레노바레 질문서 —

제임스 브라이언 스미스와 리차드 포스터는 레노바레("새롭게 한다"는 뜻을 지닌 라틴어로, 효과적인 영적 성장과 자기 갱신을 위한 영적 훈련을 뜻함: 역자 주) 운동의 한 과정으로 다음의 질문서를 만들었다.

1. 지난 모임 이후 어떤 식으로 하나님의 임재를 느꼈습니까? 하나님께서 기도와 묵상과 독서를 통해 주신 것은 무엇입니까? 당신이 겪었던 어려움과 좌절은 무엇입니까? 또한 기쁨과 즐거움은 무엇입니까?

2. 지난 모임 이후 당신은 어떤 부분에서 유혹을 받았습니까? 마음과 생활 속에서 더욱 거룩함을 지킬 수 있도록 하나님께서 인도해 주셨던 영적인 원리는 무엇입니까?

3. 지난 모임 이후 특별한 성령의 은사나 영향력을 느낀 적이 있습니까? 성령께서 사용하도록 해 주신 영적 은사가 있습니까? 그 결과는 어떠했습니까? 당신의 삶 속에서 드러나기 바라는 성령의 열매가 있습니까? 성령의 열매를 맺기 위해 유용하게 사용할 수 있는 원리는 무엇입니까?

4. 지난 모임 이후 하나님께서 다른 사람을 섬길 수 있도록 허락해 주신 기회가 있었습니까? 당신은 그 기회가 왔을 때 어떻게 반응했습니까? 다른 사람이 당신에게 불의하게 대했다거나 억압한 적이 있습니까? 그때 당신은 의로움과 평안으로 대처할 수 있었습니까?

5. 지난 모임 이후 성경을 읽으면서 어떻게 그리스도를 경험했습니까? 성경의 말씀이 당신의 사고 방식과 생활 방식에 어떤 식으로 변화를 주셨습니까? 당신의 믿음을 다른 사람들과 나눌 수 있는 기회를 주셨습니까? 그때 당신은 어떻게 반응했습니까?

— 교회별로 상황에 맞게 수정된 질문서 견본 —

〈미국 캘리포니아 주, 롱 비치 지역의 로스 알토스 형제 교회에서 사역하는 필 헬퍼 목사는 LTG 질문서를 "5가지 기본 질문서"로 간략하게 만들어 사용한다.〉

1. 지난 한 주 동안 하나님을 경험했습니까?
2. 하나님께서 가르치고 계신 것은 무엇입니까?
3. 하나님께서 역사하실 때 당신은 어떻게 반응합니까?
4. 고백해야 할 죄가 있습니까?
5. 지난 한 주 동안 정해진 성경 읽기를 다 마쳤습니까?

〈미국 캘리포니아 주, 팔로 알토의 하이웨이 커뮤니티 교회에서는 다음과 같이 활용하고 있다.〉

1. 나는 가장 중요한 사람들과 관계를 유지하기 위해 양적으로나 질적으로 적절히 시간을 투자하고 있습니까?
2. 나의 삶이 나의 말과 일치했습니까?
3. 다른 사람들을 용서하는 태도로 대했습니까?
4. 중독적인 행동을 하거나 나태한 생활을 하지 않았습니까?
5. 나는 개인 재정을 다루는 데 정직했습니까?
6. 나는 성적으로 순결했습니까?
7. 나는 이번 주 성경 읽기를 다 완수하면서 주님과 한 주간 동안 시간을 보냈습니까?
8. 나는 예수님을 모르는 친구들을 위해 기도했습니까? 내가 그리스도에 대해 이야기를 해 준 사람이 있습니까?

〈리옹에 사는 프랑스인 목사, 플로랑 바락은 한 개인의 삶 속에 순종과 성장

이 일어나도록 성경의 권위를 높이기 위해서 다음과 같은 질문을 개발했다.〉

1. 지난 한 주간 성경말씀이 당신의 생활 가운데 계시해 주신 것은 무엇입니까?
   - 죄악된 행동에 대해서입니까?
   - 죄악된 생각에 대해서입니까?
   - 죄악된 언어 생활에 대해서입니까?
2. 성경을 읽으면서 이전에 당신이 진실이라고 믿었던 것이 거짓이나 과오인 것임을 깨달은 부분은 무엇입니까?
3. 매일의 삶 속에서 성경말씀을 통해 격려와 위로를 얻은 부분은 무엇입니까?
4. 아직 잘 이해하지 못했기 때문에 하나님의 영이 계시해 주시도록 간구해야 할 부분은 무엇입니까?

〈최근에는 LTG 모임을 하고 싶다고 자진해서 요청한 아이들이 있었다. 나는 우리 교회에 다니는 로리 딜맨이라는 여자분께 십대 미만의 어린이들에게 적절한 질문서를 만들어 보도록 부탁했다. 그 결과 다음과 같은 질문서가 작성되었다.〉

1. 여러분이 예수님을 사랑한다는 것을 행동이나 말로 다른 사람들에게 보여 준 적이 있나요?
2. 지난 한 주 동안 부모님이나 주변의 어른들께 순종하고 존경했나요?
3. 마음이 별로 내키지 않을 때에도 다른 사람을 사랑할 수 있었나요?
4. 지난 한 주 동안 하나님께서 여러분의 기도에 응답하셨나요?
5. 지난 한 주 동안, 여러분이 원하는 것을 얻지 못했다거나 여러분이 원하는 방식으로 되지 않았다고 해서 화를 내거나 실망했던 적이 있나요?
6. 지난 한 주 동안, 자기 것이 아닌 것을 훔친 적이 있나요?
7. 지난 한 주 동안, 진실을 말하지 않은 적이 있나요?
8. 지난 한 주 동안, 다른 사람들에게 해 주기로 약속한 것이 있나요?
9. 자신에게 맡겨진 책임 가운데 다 완수하지 못한 것이 있나요?
10. 성경 읽기를 다 마쳤나요? 무엇을 배우게 되었나요?

〈추상적인 질문서를 사용할 때에는 다음의 질문서를 사용하면 된다.〉

1. 여러분의 영적인 상태는 어떻습니까?
2. 고백해야 할 죄가 있습니까?
3. 하나님 앞에 순종하지 않고 회피하는 부분들이 있습니까?
4. 그리스도를 위한 열심을 꺾어 놓은 것들이 있습니까?
5. 지난 한 주 동안 당신과 그리스도에 대해 이야기를 나눈 사람이 있습니까?

〈아르헨티나의 부에노스아이레스에서 교회 개척 선교사로 사역하는 데이브 가일즈는(최근에는 그레이스 브레드런 국제 선교회의 대표로 섬기고 있다) 요한일서의 내용과 같이 진정한 믿음을 가진 사람들을 시험해 볼 수 있도록 다음과 같은 질문서 내용을 만들었다.〉

1. 지난 한 주일 동안 삶 속에서 어떻게 하나님의 임재를 느꼈습니까?
2. 구체적인 기도 응답을 받았습니까? 어떤 내용입니까?
3. 믿지 않는 사람들에게 당신이 예수 그리스도를 믿는다는 것을 이야기했습니까? 같이 이야기한 사람은 누구입니까?
4. 지난 한 주 동안 하나님의 사랑을 보여 준 사람은 누구입니까?
5. 지난 한 주 동안 개인적으로 성경 읽기를 하면서 하나님에 대해 배운 부분은 무엇입니까?
6. 지난 한 주 동안 성경 읽기를 하면서, 결과적으로 하나님께 더욱 순종하기 위해 작정한 것은 무엇입니까?
7. 당신의 삶 속에서 하나님께서 가장 바꾸기 원하신다고 느껴지는 부분은 구체적으로 무엇입니까? 그 부분이 변화되도록 구체적으로 행동한 적이 있습니까?
8. 하나님께서 당신의 삶 속에 형성되기 바라시는 좋은 습관이 있다고 생각합니까? 그 습관을 개발하기 위해 구체적으로 노력해 본 적이 있습니까?

〈프랑스에서 교회 개척 선교사로 사역하는 폴 클로위터는 다음과 같이 내용으로 질문서를 개발했다.〉

1. 최근 겪고 있는 걱정거리나 문제는 무엇입니까?
2. 하나님께서 당신의 삶 속에 역사하고 계시는 부분이나, 당신이 특별히 기도하기 원하는 죄의 부분이 있습니까?
3. 예수님을 믿지 않는 당신의 친구들을 위해서 우리가 어떤 부분을 놓고 함께 기도해 주면 좋겠습니까?
4. 지난 주 동안 성경을 읽었던 부분을 함께 이야기해 봅시다. 하나님은 어떤 분이십니까? 하나님께서 당신에게 기대하는 부분은 무엇입니까? 하나님께서 당신에게 무엇을 말씀하고 계신다고 생각합니까? 당신은 그에 대해 어떻게 반응해야 한다고 생각합니까?

〈지금까지 살펴본 질문서 가운데 가장 간결하고도 기본적인 질문은 다음과 같다.〉

1. 하나님께서 당신에게 행하라고 말씀하시는 것은 무엇입니까?
2. 당신은 그 부분에 대해서 어떻게 반응할 것입니까?

| 부록 2 |
LTG에 대한 또 다른 명칭

우리는 사람들이 LTG를 자신들의 상황에 맞게 바꾸어 사용할 수 있도록 격려해 왔다. 또한 그들의 환경에 따라 효과적으로 활용될 수 있도록 그 이름도 다르게 사용할 수 있게 했다. 지난 몇 년 동안 다양하게 사용되고 있는 LTG의 명칭은 다음과 같다.

내가 처음 사용했던 모임 방식의 명칭은 BIG(Bible Impact Groups)이다. 지금도 여러 교회 안에서는 이 명칭이 고정적으로 사용되고 있다.

캘리포니아 주, 알타 로마 그레이스 펠로우쉽 교회(외 다수) - Bible Impact Groups(BIG)
남아메리카 전체 지역과 현재 미국 일부 지역 - Commitment to Grow Groups(CTG Groups)

캘리포니아 주, 코비나 뉴 송 교회(외 다수) - Growth Groups

프랑스 디옹 - Spiritual Triads

캘리포니아 주, 팔로 알토 하이웨이 커뮤니티 교회 - Lint Groups

플로리다 주, 하버 교회 - Anchor Groups

더 많은 정보를 원하는 분께……

LTG는 교회 배가 운동 전략 가운데 기초적인 한 부분이다. 성경적인 일관성을 갖추고, 전도 중심적이며, 재생산적이고, 바꾸기 쉬우며, 서로 책임성 있는 관계를 유지하려는 기본 가치를 적용하려는 시도다. 이해를 돕기 위해 로버트 E. 로건과 닐 콜이 공저한 『추수의 때를 위해 지도자를 일으키라』는 책을 추천한다. 오늘과 같은 추수의 시기에 지도자를 일으키기 위해서는 성경적 가치와 결과를 가지고 지도력 개발 시스템에 기초한 교회를 세워야 한다는 내용을 이해할 수 있을 것이다. 이 외에도 다음의 단체들을 통하면 자료를 구할 수 있다.

- Church Smart Resource: 교회 지도자들이 효과적으로 교회 개척과 교회 성장, 교회 개혁, 지도력 개발 사역을 감당할 수 있도록 도움을 주는 책들을 판매하는 기독교 출판사로 무료 도서 목록이 필요한 사람은 1-800-253-4276으로 전화하거나 www.ChurchSmart.com을 방문하면 된다.

- Church Multiplication Associates, CMA Resource: 남 캘리포니아와 아리조나에 위치한 그레이스 브레드런 교회의 사역팀으로 제자들과 지도자, 사역자, 교회를 재생산하는 데 초점을 맞추고 교회 배가 운동을 유용하게 하는 것이 이 단체의 목표다. 추수 때를 감당할 수 있도록 교회 개척 사역자들을 훈련하고 검토하며, 전개하고, 감독할 수 있도록 여러 가지 자료를 개발하고 있다. 또한 교회가 자기의 본래 사명으로 돌아갈 수 있도록 생각을 전환하며 비전을 가질 수 있도록 돕고 있다. 사역에 관심이 있거나 문의 사항이 있는 사람은 1-877-732-3593으로 전화하거나 www.CMAResources.com에서 회원가입을 하면 된다.